REPONSE

DU

P. MALEBRANCHE

PRETRE

DE L'ORÁTOIRE

A MONSIEUR REGIS.

SECONDE EDITION.

Dans laquelle on trouvera quelques nouvelles Pieces, qui regardent la Dispute de ces deux Auteurs.

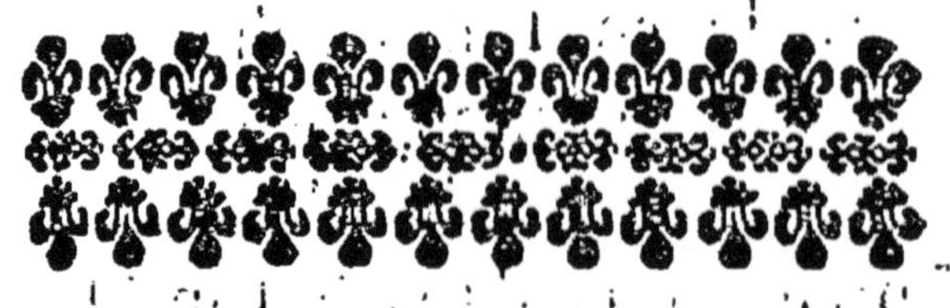

AVERTISSEMENT.

YANT remarqué dans le *Systéme de Philosophie* de MON- SIEUR REGIS, qu'il me faisoit l'honneur de critiquer mes sentimens, & qu'il les condannoit, sans donner, ce me semble, aucune preuve so- lide de ses décisions ; je crus d'abord lui devoir répondre. Mais certaines considéra- tions m'ayant fait différer un travail si contraire à mon inclination, & que je ne jugeois pas fort nécessaire, j'apris peu de tems aprés, qu'une autre personne à mon insçû avoit entrepris de ré- futer les opinions particuliéres de ce Philosophe, sur la Métaphysique principalement, & sur la Morale, & même que dans * son Ouvrage, il défendoit mes sentimens avec beaucoup de vigueur. Je ne sçai point bien ce qui l'en est, car je n'ai point vû cette réfutation dont je parle, & je ne la veux point voir, qu'elle ne soit imprimée. Je suis bien aise que M. REGIS le sache, afin qu'il ne m'attribuë que ce qui dépend absolument de moi. Car je ne prétens pas avoir droit sur les Ouvrages de mes amis, ni les obliger à écrire comme je le ferois moi-même. Je ne veux pas me rendre juge dans ma propre cause, ni ôter aux autres la liberté de dire ce qu'ils pensent de mes Livres : Et je ne sçai point si la person-

* Cet Ouvrage est la vraye & fausse Metaphysiq. par M. De *Lela-vel*, qui paroît avec la seconde édition de cette réponse.

ne dont je parle, aprouve
auſſi généralement qu'on me
l'a dit, tout ce que M. Regis
condanne dans mes Ouvra-
ges.

Ayant donc apris, qu'on
avoit éxecuté le deſſein que
je pouvois prendre, & peut-
être plus heureuſement que
je n'aurois fait moi - même,
je ne penſois plus à répondre à M. Regis. Mais vo-
yant que l'Ouvrage ne pa-
roiſſoit point, & ne ſachant
point s'il paroîtroit jamais,
j'ai pris enfin la reſolution
de faire moi - même une
courte réponſe. Pour cela
j'ai cherché dans le *Syſtême
de Philoſophie*, tous les endroits où l'Auteur me cite
en marge, & combat mes
ſentimens avec une aplication particuliére, & j'ai né-
gligé les autres. J'ai crû que

AVERTISSEMENT.

ſi ne répondois pas à M.
R E G I s lors qu'il m'interroge, & que, par ces citations
en marge, tout le monde
put voir, que c'eſt à moi à
qui il parle ; j'ai crû, dis-je,
que lui & ſes Diſciples, pour-
roient regarder mon ſilence,
ou comme une eſpece de mépris, ce qui ne me convien-
droit guéres, ou comme un
aveu de mon impuiſſance,
ce qui feroit tort à la vérité
de mes ſentimens. Et au contraire, ſi je fais voir incon-
teſtablement, que M. Regis
n'a pas raiſon dans ces endroits qu'il réſute avec le
plus d'aplication, & en me
citant, on aura un fonde-
ment raiſonnable de ſe dé-
fier de ce qu'il avance généralement, non ſeulement
contre la *Recherche de la Vé-*
rité, mais contre des ſenti-

mens bien plus dignes de
respect. Car enfin, puisque
pour le combatre je ne fais
point choix de ce qui me
paroît de plus foible dans
son *Systéme*, & que je m'o-
blige à renverser tout ce
qu'il y trouve lui-même de
plus fort contre moi : Si on
réconnoît clairement, comme je l'espére, que la vérité
est de mon côté, on aura un
préjugé fort légitime contre
tout son Ouvrage, je veux
dire, contre ses opinions particuliéres. Car je ne prétens
pas, qu'il n'y ait rien de
solide dans sa Philosophie.
Je condannerois d'excéllens
Auteurs, & que je regarde
comme mes Maîtres. Je prétens seulement, pour ne
point parler de ce qui ne me
regarde pas, qu'il n'a jamais
raison dans les endroits où

il me combat. Voilà je l'a-
vouë, une étrange préten-
tion. Mais je croi la pouvoir
déclarer, non seulement,
par ce que je la juge bien
fondée, mais encore afin,
que ceux qui lisent ses Ouvrages aussi - bien que les
miens, soient extremément
sur leurs gardes.

AVIS AU LECTEUR.

LA seconde édition de cette Réponse a été faite sans la participation du Pere Malebranche, ainsi vous ne serez pas surpris, si j'y ai ajoûté quelques nouvelles notes, & celle-la même qui designe l'Ouvrage de M. de Lelevel, lequel paroît plus de quatre mois aprés que le P. Malebranche a protesté dans la premiere édition de *sa Réponse*, qu'il ne l'avoit point lû. Je déclarerois plus nettement, de quelle maniére tout ceci est arrivé, comme aussi que j'ai composé l'Ecrit qui paroît

à la fin de ce Volume, & qui
a pour Titre *Défense de la Recherche de la Verité, &c.* que je
l'ai compofé dis-je, dans un
tems où le P. Malebranche
ne penfoit point, au Syftéme
de M. Regis, & encore moins
à moi, mais cela n'eft pas
neceffaire. Ceux qui ont lû
les Journaux de cette année,
ne trouveront pas mauvais,
que je ne parle pas auffi
clairement qu'il le faudroit,
pour l'éclairciffement de tous
ces faits.

I. DISSERTATION.

Raison Physique des diverses aparences de grandeur du Soleil & de la Lune, dans l'Horison & dans le Meridien, combatuë par Monsieur Regis, & défenduë par le P. M.

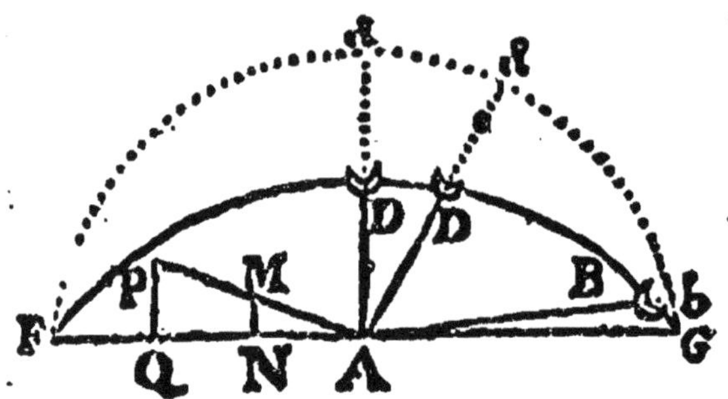

P.OUR exposer clairement le fait dont il est question, suposons, que la ligne F G représente le plan d'une plate Campagne, & B D D le Ciel à peu près tel qu'il paroît, se joignant avec la Terre, aux extrémitez de l'Horison F, G, L'experience aprend, que la Lune paroît d'autant plus grande qu'elle est plus proche de l'Horison. Et la question est de sçavoir la véritable raison de cette aparence.

Je croïois avoir suffisamment démontré * dans le I. Livre de la *Recherche de la Vérité*, que la Lune nous paroissoit plus grande à l'Horison en B., que dans le Meridien en D, parce que voyant entr'elle & nous plusieurs Terres, nous la jugions d'autant plus éloignée, qu'elle étoit plus proche de l'Horison, & je pense encore à présent, que tous ceux qui examineront sans prévention mes preuves, les trouveront convaincantes. Mais il est juste de donner ici quelque chose à la réputation de Monsieur Regis, & de ce Sçavant Géometre le R. P. Taquet, qui ne conviennent pas de la raison que j'ai donnée.

1. Il est certain, que l'objet P Q, double, par exemple, de l'objet M N, & deux fois plus

* Ch. 9. art. 3. Il seroit bon de lire ce Ch. 9.

éloigné que lui de l'œil A , y trace fur le nerf Optique , une image
égale à celle que M N , y produit.
Car les rayons P A , & M A ,
Q A , & N A , font dans les mêmes lignes droites. Et ces rayons
partant des extrémitez de ces
objets, déterminent par confequent
leur hauteur. C'eft une vérité dont
M. Regis * convient.　　　　* To. 3.

2. Or la hauteur de l'objet p. 140.
P Q , paroît environ double de
l'objet M N , lors que l'on en
remarque la diftance. Je dis *environ* double , parce qu'on ne peut
à la vûë juger éxactement de la
diftance des objets. Un Nain à
deux pas de nous , paroît certainement beaucoup plus petit qu'un
Géant trois fois plus grand , qui
feroit éloigné de fix pas , quoique
l'un & l'autre puiffent être vûs
foûs des angles égaux , ou ce qui
eft la même chofe , quoique les
images qui s'en traceroient au fond
de l'œil puiffent être égales.

3. Donc la raifon de cette inégalité dans les aparences , ne
venant point de l'inégalité des

images , qui certainement font
égales dans le fond de nos yeux ,
elle doit venir de l'inégalité de la
diftance.

4. Mais afin que l'inégalité de
la diftance , produife de l'inégalité
dans les aparences, que nous avons
de deux objets , qui tracent des
images égales , il faut que cette
inégalité de diftance foit actuellement aperçûë par les fens. Car les
connoiffances , que nous en au-
rions d'ailleurs, ne changeant rien
actuellement dans les organes de
nos fens , elles ne changeroient
rien non plus dans nos fenfations :
parce que Dieu , en conféquence
des Loix de l'union de l'ame &
du corps , n'agit dans nôtre ame ,
& ne nous fait voir les objets ,
qu'à l'occafion des images qui s'en
tracent dans nos yeux , & des
changemens qui arrivent à nôtre
corps. C'eft pour cela que les
Aftronomes ne voyent pas le Soleil plus grand que les autres hommes , quoi qu'ils le jugent infiniment plus éloigné , qu'on ne le
croit ordinairement. Car encore

un coup une distance, qui n'est
point actuellement aperçûë par les
sens, doit être contée pour nulle,
ou ne peut servir de fondement au
jugement naturel, qui se forme
en nous de la grandeur des objets.
Reprenons maintenant la figure
precedente.

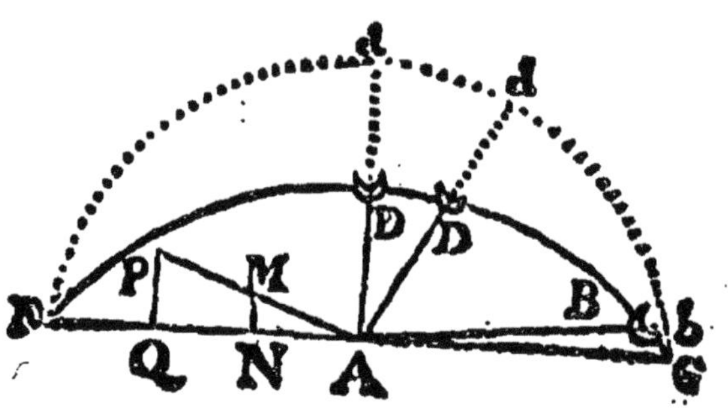

5. Lors qu'on regarde le Ciel
du milieu d'une campagne, sa voûte ne paroît point parfaitement
Sphérique, comme b d d, elle
paroît comme un demi Sphéroïde
aplati : de sorte, que la ligne
Horisontale A B, paroît double
ou triple de la perpendiculaire
A D, Ainsi, lors que la Lune est
en d, elle paroît être en D, &
lors qu'elle est en b, elle paroît

être en B ; Or A B , eſt plus grand que A D , il en eſt double, par exemple. Donc lors que la Lune eſt dans l'Horiſon, ſa diſtance aparente eſt double de celle du Méridien. Donc quoique l'inégalité des images que la Lune, dans ces deux ſituations différentes , trace dans nos yeux , ſoit comme inſenſible, ſon diametre doit paroître dans l'Horiſon deux fois auſſi grand que dans le Méridien : puiſque les images de deux corps , étant égales dans le fond de nos yeux , leur grandeur paroît & doit toûjours paroître proportionelle, non à leur diſtance réelle , mais à leur diſtance aparente , ainſi que je viens de le dire.

6. Cette raiſon eſt démonſtrative aſſurément. Mais pour en convaincre l'eſprit d'une maniére ſenſible , on peut faire cette expérience entre pluſieurs autres. Prenez un morceau de verre plat, comme d'une vitre caſſée. Chauſſés le peu à peu , & également par tout, en le paſſant ſur la flamme d'une chandelle, d'abord à trois

ou quatre doigts , de peur qu'il
ne le casse. Et lors qu'il sera
chaud , abaissez le dans la flamme
même , & l'y passez afin qu'il se
couvre de fumée , jusqu'à ce que
regardant au travers vous voyïez
distinctement la flamme de la chandelle , sans voir les autres objets
moins éclatans. Il faut que ce verre soit plus ou moins obscurci ,
selon l'usage qu'on en veut faire ,
pour regarder le Soleil ou la Lune.
On le voit assez.

Je dis donc qu'avec un tel
verre plus ou moins enfumé , on
verra le Soleil ou la Lune sensi-
blement de la même grandeur dans
quelque situation qu'ils soient ,
pourvû que ce verre soit tout proche des yeux , & qu'il éclipse entiérement le Ciel & les Terres. Je
dis *entiérement*. Car pour peu qu'on
entrevît le Ciel & les Terres , ce
verre ne changeroit point les aparences de grandeur du Soleil , parce qu'on le pourroit juger plus
éloigné que ces Terres qu'on verroit confusément. Si le Soleil est
dans l'Horison , l'interposition du

verre le fera paroître environ deux fois plus proche , & quatre fois plus petit ou environ , car ici la précifion n'eft pas néceffaire. Mais s'il eft fort élevé fur l'Horifon, comme à midi au mois de Juin, le verre ne produira aucun changement confidérable , ni dans fa diftance , ni dans fa grandeur aparente.

7. Cela étant , il eft clair, que l'interpofition du verre ne change rien dans l'image que la Lune trace dans le fond de l'œil , puifqu'elle ne perd rien de fa grandeur aparente , lors qu'étant fur nôtre tête , on la regarde avec ce verre. Or lors qu'elle eft à l'Horifon , fa diftance & fa grandeur aparente diminuënt notablement, par l'interpofition du verre , laquelle ne change point fon image , & ne fait qu'éclipfer les autres objets. Donc il eft évident que la Lune paroît plus grande dans l'Horifon que dans le Méridien , par cette raifon , que la vûë fenfible des Terres nous la faifoit juger plus éloignée. Et la propofition que Monfieur

Monfieur Regis prétend prouver dans le Chapitre 30. du 3. Tome de fa Philofophie, & par laquelle il le finit, n'eft pas foutenable. *Ainfi*, conclut - il, *nous pouvons affurer en général, que la grandeur aparente des objets, dépend uniquement de la grandeur des images qu'ils tracent fur la retine.*

8. Pour le R. P. T a q u e t, fon fentiment n'eft pas tout à fait le même que celui de M. R e g i s. Selon ce Pere, la grandeur aparente des objets dépend non *uniquement*, mais *prefque toûjours* de la grandeur de leurs images, ce qui le fait néanmoins tomber dans quelques erreurs. Mais voici ce qu'il dit, par raport au fentiment que je viens d'établir. *Immeritò igitur nonnulli recentiores, nefcio quibus ducti præjudiciis, angulos prædictos, ut fallaces, & ineptos ad apparentes rerum magnitudines determinandas rejiciunt. Dicent, credo, objecta non apparere æqualia, quamvis eodem vel æquali angulo confpiciantur, quando vifus inæquales diftantias percipit. Quaro*

igitur an Sol prope Horiſontem po-
ſitus major appareat , cum Terræ
ſuperficies illum inter atque oculum
interjecta cernitur , quàm dum manu
vel pileo Terræ conſpectu impedito
ſpectatur ſolus ? Quiſquis voluerit
experirì æqualem utroque caſu de-
prehendet , &c. Il eſt viſible, que
le P. Taquet ſe trompe par ſon
expérience imparfaite. Car pour
détruire la diſtance aparente du
Soleil couchant , il ne ſuffit pas
de ſe cacher la campagne par le
bord de ſon chapeau , il faut auſſi
ſe faire éclipſer le Ciel. Mais aparemment ce ſçavant Homme ne
faiſoit pas attention à la voûte
aparente du Ciel , qui paroiſſant
preſque plate , doit cauſer à peu
prés la même aparence de diſtance
que les Terres interpoſées. Il eſt
donc certain que l'aparence de
l'inégalité des diſtances doit être
actuellement comparée avec l'é-
galité des images que produiſent
les objets au fond de l'œil , afin
que le jugement naturel ſe forme
en nous touchant la grandeur de
ces objets. Mais voici comment

tout cela se doit entendre. Je prie qu'on y donne attention, car on peut tirer bien des conséquences du principe que je me contenterai d'exposer.

9. Comme Dieu ne nous a pas faits pour connoître les raports que les corps ont entr'eux, & avec celui que nous animons, & qu'il est nécessaire pour la conservation de la vie que nous en sachions beaucoup de choses ; il nous en instruit suffisamment par la voïe courte du sentiment, sans aucune aplication de nôtre part. Dans l'instant que nous ouvrons les yeux au milieu d'une campagne, Dieu nous donne tout d'un coup tous les sentimens, & forme en nous tous les jugemens, que nous formerions nous-mêmes, si, ayant l'esprit d'une pénétration comme infinie, nous sçavions outre cela l'Optique divinement ; & non seulement la grandeur & le raport de toutes les images qui se tracent dans nos yeux, mais généralement tous les changemens qui arrivent à nôtre corps, lors qu'ils

peuvent ou doivent ordinairement
servir à regler ces jugemens. Ainsi
nous voïons la Lune, le Soleil &
les Etoiles, & mêmes les nuës
dans la même distance : parce que,
comme je l'ai prouvé dans le 9.Ch.
de la *Recherche de la Verité*, il n'y a
point de différence sensible dans
ce qui arrive à nôtre corps, par
laquelle nous puissions juger que
des Etoiles soient infiniment plus
éloignées que la Lune, & celle-ci
que les nuës. L'Horison nous paroît plus éloigné que le Zenith,
parce que le Ciel & les Terres qui
sont entre l'Horison & nous, tra-
çant dans nos yeux leurs images,
l'esprit tel que je l'ai suposé, en
doit conclure, qu'il est beaucoup
plus éloigné que le Zenith, entre
lequel & nous il ne paroît aucun
objet. De sorte, que tous les degrez du Ciel aparent diminuént
d'autant plus qu'ils aprochent davantage du Zenith. Et comme la
Lune en quelque endroit du Ciel
qu'elle soit, est toûjours vûë soûs
un angle d'environ un demi-degré,
l'esprit selon les regles de l'Opti-

que , la doit voir beaucoup plus
grande à l'Horiſon que dans le
Meridien.

10. Si je panche la tête , ou ſi
je me proméne en regardant un
objet ; par le même principe , cét
objet ne laiſſera pas de paroître
droit & immobile. Car mon eſprit
étant averti de la ſituation ou du
mouvement de mon corps , je ne
dois pas conclure que cét objet
change de place , à cauſe que ſon
image en change dans le fond de
mes yeux. Mais ſi j'étois tranſpor-
té dans un Vaiſſeau par un mouvement qui ne changeât rien dans
mon corps , comme les jugemens
naturels , qui ſe forment en moi ,
ne ſont apuïez que ſur les changemens qui s'y paſſent , je croirois être immobile , & que les objets ſeroient mûs. Il faut dire la
même choſe de toutes les autres
aparences des corps qui nous environnent. Dieu en conſéquence
des loix générales de l'union de
l'ame & du corps , nous aprend en
un clin d'œil la grandeur , la ſituation , la figure , le mouvement

& le repos de tous les objets, qui frapent nos yeux, en conſequence des loix du mouvement : & cela fort exactement, pourvû que les objets ne ſoient pas exceſſivement éloignez, & que l'angle qu ſorment les raïons ſe tetmine à l'objet qu'on regatde. Ainſi Dieu forme en nous, pour ainſi dire, les jugemens naturels que nous ferions nous-mêmes, ſi nous étions tels que je l'ai ſupoſé. Mais comme nous ne ſommes pas faits pour nous ocuper des objets ſenſibles, & pour ne travailler qu'à la conſervation de nôtre vie, il nous épargne tout ce travail, & nous aprend, par une voïe abregée & fort agréable en un moment, un détail comme infini de veritez & de merveilles. Mais examinons maintenant l'opinion de Monſieur Regis, & voions s'ill n'y auroit point quelque choſe à reformer dans ſon Optique. Voici ſes paroles.

Tom. 3.
p. 243.

11. *Il y en a d'autres qui prétendent que cette grandeur aparente de la Lune ſur l'Horiſon, ne dé-*

pend point de l'élargissement de la prunelle, ni de l'aplatissement du cristallin, mais du jugement que nous faisons, que la Lune est plus éloignée de nous, lors qu'elle est sur l'Horison, que lors qu'elle est dans le Méridien,* [assurant que ce jugement a la propriété de faire, qu'un objet paroisse plus grand, quoique son Image soit plus petite sur la retine.] &

On voit bien, parce que je viens de dire, & parce que j'ai dit dans le 9. Chapitre de la *Recherche de la verité*, comment il faut entendre cette exposition de mon sentiment. L'Auteur continuë.

Nous répondons qu'il n'y a rien, qui soit plus contraire aux Loix de l'Optique, que cette explication, & que tant s'en faut que le jugement que nous faisons, que les objets sont éloignez contribuë à les faire paroître plus grands, il sert au contraire à les faire paroître plus petits.

R e p o n s e. Voilà une décision bien étrange. *Il n'y a rien*

* Ces derniers mots montrent assés que M. Regis n'entendoit pas le sentiment du P. Malebranche lors qu'il comploit sa Philosophie.

qui foit plus contraire aux *Loix de
l'Optique.* Mais quoi ! Eſt-ce que
ſi Monſieur Regis du milieu de ſa
chambre regardoit la campagne,
tout ce qu'il y découvriroit lui
paroîtroit plus petit que ſa fenê-
tre, par cette Loi fondamentale de
ſon Optique, * *Que la grandeur
aparente des objets dépend uniquement de la grandeur des images
qu'ils tracent ſur la retine,* & que
l'image d'une montagne, par
exemple, étant plus petite au fond
de ſes yeux, que celle de ſa fe-
nêtre, puiſque celle-ci contient
l'autre, il faut bien que la montagne lui paroiſſe plus petite. Car
s'il jugeoit que la montagne eſt
fort éloignée, pour en conclure
qu'elle eſt fort grande, ſelon lui
*ce jugement la lui feroit paroître
plus petite.* Et il le prouve ainſi.
Dont la raiſon eſt, dit-il, *que ce
jugement dépend d'un mouvement
de la prunelle qui eſt tel, pour voir
les objets diſtinctement, qu'à meſure
qu'ils ſont plus éloignez, elle s'é-
largit davantage; & à meſure
qu'elle s'élargit, l'œil & le criſtal-*

Pag. 24.
* Voïez
les ſça-
vantes
Theſes
de Ma-
thema-
tique du
Pere de
S. Bonet
p. 13.
&c. im-
primées
au mois
de Sept.
1693.
vous y
verrez
la de-
monſt.
de la
fauſſeté
du prin-
cipe de
M. R.

lin s'aplatiffent. Or il est évident,
que quand l'œil est aplati, les refractions font moindres & PAR
CONSEQUENT QUE LES
IMAGES DES OBJETS
QU'ELLES CAUSENT SUR
LA RETINE SONT PLUS
PETITES. Pour moi, de ce que
le criftallin s'aplatit, j'en conclu-
rois au contraire : Et par confequent les images des objets que
les réfractions caufent fur la rétine font plus *grandes*. Car le
Criftallin fait le même effet que
les Verres convexes des Lunettes :
& l'expérience aptend que plus
ces Verres font plats & leurs réfractions *petites*, plus au contraire les images qu'ils raffemblent à
leur foyer deviennent *grandes*. Il
feroit inutile que j'expliquaffe ici
d'où dépend le jugement que nous
formons de la diftance des objets,
aprés ce que j'en ai dit dans le
9. Chapitre de la *Recherche de la
Verité*. Comment les raions fe
raffembleront-ils fur la retine, fi
l'œil & le criftallin s'ap atiffent
en même-tems ? Si le criftallin

s'aplatit , c'eſt une néceſſité que l'œil s'allonge : & au contraire , ſi l'œil s'aplatit , il faut que le criſtallin devienne plus convexe , afin que la viſion ſe puiſſe faire , & que les raïons ſe réüniſſent ſur la tetine. Monſieur Regis me permettra de lui dire ici , que quand on veut rendre raiſon d'une choſe fauſſe , on ſe trouve ſouvent bien embarraſſé : Mais peut-être y a t'il dans ſon raiſonnement quelque faute d'impreſſion qui y répand cét embarras que je ne puis demêler. Il continuë.

12. Pour donner une explication plus ſimple & plus naturelle que les précedentes , nous dirons que la grandeur aparente de la Lune à l'Horiſon , dépend principalement des vapeurs qui s'élevent continuellement en l'air , & qui ſe diſpoſent enſorte autour de la Terre , que leur ſurface convexe eſt concentrique avec elle , d'où il s'enſuit, que ſes vapeurs cauſent aux raïons de la Lune , des réfractions qui les font aprocher de la perpendiculaire , & qui ſont propres par conſequent à

augmenter l'image de la Lune sur
la retine, par la même raison, que
les verres convexes sont propres à
augmenter celle de tous les objets
qu'on regarde au travers de ces
verres.

REPONSE. *L'Explication est
simple.* Mais elle est fausse pour
bien des raisons.

1º Elle est fausse par la démonstration, & l'experience du
Verre enfumé dont on a parlé
d'abord.

2º Elle est fausse encore par
une raison donnée dans l'endroit * * Rech.
qu'il réfute. Car quand les Astro- de la
nomes mesurent le diametre de la Verité,
Lune, ils le trouvent plus grand Chap. 9.
lors qu'elle est dans le Méridien,
que lors qu'elle est à l'Horison, à
cause qu'alors elle est plus proche
d'un demi-diametre de la Terre,
Or, si les réfractions augmen-
toient l'image de la Lune dans
les yeux, il est évident, du moins
à ceux qui sçavent quelque peu
d'Optique, qu'elles l'augmente- * A la
roient dans la Lunette. On sera fin de
bien-tôt * surpris de voir l'étrange cette I.
réponse.

réponse que Monsieur Régis donne à cette expérience, dont - il
convient. Mais il a pû voir ces
deux premieres réponses dans mes
Livres, il lui en faut donner d'autres.

3° Elle est fausse, parce qu'elle supose un principe faux. Qui
est que les raïons de la Lune
souffrent la réfraction en question
à la surface de l'Atmosphere de
l'air, ou des vapeurs. Or ce principe n'est pas vrai. Car à cette
surface, la difference de la den-
sité des milieux, est comme in-
sensible, & l'experience aprend
qu'un même objet, à une distance raisonnable, comme d'une
lieuë, vû le matin de niveau avec
une Lunette, ne s'y trouve plus
à midi, par l'effet des réfractions
qui élevent les objets. Or la surface des vapeurs qui se disposent
en rond autour de la Terre, est
bien loin de là : car du moins,
montent-elles jusqu'aux nuës.

4° Elle est fausse, parce qu'en
suposant que le principe en fût
vrai, & que les réfractions des

raïons de la Lune ſe fiſſent à la
ſurface des vapeurs, il s'enſuivroit
que la Lune à l'Horiſon paroîtroit Elliptique tout à rebours de
ce qu'elle paroît. L'expérience
aprend, qu'elle paroît moins haute que large, & elle paroîtroit
moins large que haute. Il faudroit
trop de diſcours, pour en donner
une démonſtration préciſe, & la
choſe n'en vaut pas la peine. Je
penſe que Monſieur Regis la trouvera bien lui-même, s'il fait ſeulement réflexion, que lors que
nous voïons la Lune dans l'Horiſon, nous ne ſommes pas dans
la ligne qui joint ſon centre avec
celui de la Terre, qui eſt auſſi celui de la ſurface ſphérique des vapeurs. Où, puiſque ſelon lui, les
réfractions des vapeurs ſe font
comme dans les Verres convexes,
il peut ſe convaincre de la verité
de ce que je dis par l'expérience.
Car s'il prend un de ces Verres,
& qu'il regarde un petit cercle au
travers ; il le verra plus grand &
ſans qu'il paroiſſe changer de place, s'il le regarde par le centre

de la Loupe. Mais s'il abaisse sa Loupe, il verra que le cercle paroîtra s'élever & devenir Elliptique, & que sa hauteur sera plus grande que sa largeur : parce qu'il verra le cercle par des raïons qui tombent plus obliquement sur le Verre.

Je croirois perdre mon tems & le faire perdre aux autres, si je m'arrêtois davantage à faire voir la faußeté du principe de Monsieur Regis, *qui explique les réfractions que les vapeurs causent dans les raïons de la Lune, par la même raïson que les Verres convexes sont propres à augmenter les objets qu'on regarde au travers.* Je croi que le Lecteur & Monsieur Regis lui-même, en demeurera d'accord. Mais peut-être voudra-t'il que j'explique donc moi-même l'effet des refractions dont il est question. Je veux bien le satisfaire. Non que je croïe que cela soit necessaire à la justification de mes sentimens, mais parce que le Lecteur sera peut-être aussi bien aise de le sçavoir, s'il ne le sçait déja

mieux que moi , car je ne me pique pas d'être fort ſçavant dans
ces matiéres.

13. Je croi donc , que les réfractions n'augmentent point la
grandeur aparente de la Lune ,
qu'au contraire , elles la dimi-
nüent : parce que lors qu'elle eſt
à l'Horiſon , elles diminuent ſa
hauteur , je veux dire ſon diametre perpendiculaire , ſans faire aucun changement ſenſible dans ſa
largeur , ou ſon diametre Horiſontal , ce qui la fait paroître
Elliptique. Voici ma raiſon. C'eſt
que les réfractions que les vapeurs cauſent dans les raïons de
la Lune & de tous les autres objets , ſe font principalement dans
les vapeurs mêmes , qui ſont répanduës dans tout l'air , & non
comme Monſieur Regis le prétend ſur leur ſurface concentrique
à la Terre. Car à cette ſurface ,
la différence de la denſité des milieux eſt inſenſible.

Il n'en eſt pas de cette ſurface ,
comme de celle des nuës , que les
vens compriment , & ſur leſquelles

ils peuvent former une espece de glacis.

L'Expérience du niveau, de laquelle je viens de parler, le confirme : & je ne croi pas que personne en puisse douter. Or voici comment je pense que se font ces réfractions.

Les raïons aussi-bien que tous les corps mûs, vont ou tendent toûjours à aller en ligne droite; & ils ne se détournent de cette ligne, que lors qu'ils trouvent plus de résistance d'un côté que d'autre. Les raïons, par exemple, qui de l'air entrent de biais dans l'eau, ou qui sont obliques à la surface de l'eau, se détournent vers la perpendiculaire : parce qu'à la surface commune de ces deux corps, ils trouvent moins de résistance dans les pores de l'eau, que dans l'air, dont les petites parties leur résistent par un ébranlement continuel. Les raïons de la Lune se détournent donc peu à peu & insensiblement vers la surface de la Terre : parce qu'ils trouvent moins de résistance, où

il y a plus de vapeurs , ou de petites parties d'eau , & qu'ordinairement , il y en a plus en bas
qu'en haut. Ainſi ces raïons dé-
crivent une ligne courbe , dont je
laiſſe aux Géometres à expliquer
la nature : & la tangente qui touche cette courbe , au point qui
entre dans l'œil , eſt le rayon du
lieu aparent de la Lune , parce
que nous voïons toûjours les objets en ligne droite.

On voit bien , par ce que je
viens de dire , que non ſeulement
les réfractions doivent élever la
Lune : mais encore qu'elles doivent l'élever d'autant plus , qu'elle eſt plus proche de l'Horiſon :
parce que ſes rayons rencontrent
d'autant plus de vapeurs , qu'ils
ſont plus proches de la Terre , &
qu'ils traverſent un eſpace plus
long où elles ſont répanduës. On
en peut même conclure que l'effet des réfractions ne doit ceſſer ,
que lors que la Lune eſt directement ſur nôtre tête , quoiqu'il
ne ſoit preſque plus ſenſible dépuis le 45. ou 50. degré d'éléva-

tion jufqu'au Zenith. Tout le monde fçait , que l'on a dreſſé des
Tables de réfractions pour les
obfervations Aſtronomiques , leſquelles Tables donnent pour les
différens degrez de hauteur des
Planetes , differentes élevations
aparentes , fondées fur ce que je
viens de dire. Enfin , le fait ne fe
peut contefter. Laiſſant donc là
les preuves que je viens de donner, je raifonne ainfi fur le fait.

14. Il eſt certain , que les raïons qui partent du bord ſupé-
rieur de la Lune , font plus éle-
vez fur l'Horifon , d'environ un
demi - degré , que ceux qui partent du bord inférieur. Or , l'expérience aprend , & les Tables des
réfractions , que plus les objets
aprochent de l'Horifon , plus les
réfractions font grandes & plus
l'élevation aparente de ces objets
augmente. Donc le bord inférieur,
de la Lune , doit recevoir par les
réfractions , plus d'élevation que
le bord fupérieur. Donc les réfractions aprochent les deux extrémitez du diamétre perpendi-

culaire de la Lune, & par conféquent elles diminuënt fa hauteur. Mais comme les extrémitez
du diamétre Horifontal font également élevées fur l'Horifon, il
eft vifible, que les réfractions no
changent point fon aparence, puis
que l'effet ordinaire des réfractions, n'eft que celui d'élever les
objets.

Selon la Table des réfractions,
le bord fupérieur de la Lune,
lors qu'elle eft dans l'Horifon,
eft moins élevé par les vapeurs,
que le bord inférieur de plus de
deux minutes.

Ainfi le diamétre de la Lune
étant environ de 30 minutes,
les réfractions diminuënt fa hauteur environ de la douziême partie. Si donc les vapeurs augmen-
toient notablement fon diamétre
Horifontal, au lieu de nous paroître prefque circulaire, nous la
verrions fort Elliptique. Mais, fi
on fupofe, que les réfractions
n'augmentent point, ou bien fi
on le veut, car cela ne fait rien
à la queftion, qu'elles n'augmen-

tent que d'une partie infenfible,
fon diamétre Horifontal, fa figure
devra paroître précifément telle
qu'elle paroît.

Il eft donc certain , que les réfractions diminuent davantage la
hauteur de la Lune , qu'elles n'en
augmentent la largeur : & qu'ainfi
bien loin qu'elles augmentent fon
aparence dans l'Horifon , elles
doivent la faire paroître plus petite , que lors qu'elle eft dans le
Méridien. Il n'eft pas néceffaire ,
que je m'étende davantage fur
cette matiére. Mais afin que le
Lecteur puiffe comparer mes raifons avec celles de l'Auteur , je
vas achever de lui tranfcrire ce
Chapitre de fa Philofophie.

*15. MONSIEUR RHOIS. Il
eft encore évident par le quatriéme
Axiome , que la Lune étant dans
l'Horifon , fes raïons doivent fouffrir de plus grandes réfractions qu'ils
n'en fouffrent lors qu'elle eft dans
le Méridien , à mefure qu'ils font
plus inclinez : Or eft - il , que la
grandeur de l'image dépend de la
grandeur des réfractions. (Je viens*

d'expliquer en quel sens elle en dépend , & la conséquence qui suit est fausse.) Il s'enfuit donc , que l'image de la Lune sur la retine est plus grande , lors qu'elle est sur l'Horison , que lors qu'elle est dans le Méridien : Car rien ne nous empêche de concevoir , que la grandeur des réfractions augmente plus l'image de la Lune , que son éloignement ne la peut diminuër , ce qui fait que la Lune doit paroître plus grande dans l'Horison, que dans le Méridien , ainsi que l'experience le fait voir.

L'*Auteur* de la Recherche de la Verité , * reconnoît sans peine qu'un tres-grand nombre de Philosophes attribuent ce que nous venons de dire aux vapeurs qui s'élevent de la Terre ; & il tombe d'acord avec eux * que les vapeurs rompant les raïons des objets , les font paroître plus grands , & qu'il y a plus de vapeurs entre nous & la Lune , losophes, & en cela j'ai eu tort si M. Regis n'a pas raison : Comme mon dessein n'étoit pas alors d'examiner à fond l'effet des réfractions , j'ai crû pouvoir entrer en partie dans une opinion qui a quelque vrai-semblance, & que j'avois oüi soûtenir à plusieurs personnes plus habiles que moi.

* Ch. 9. art. 3.

* J'ai trop déferé au sentiment de ces Phi-

lors qu'elle se leve , que lors qu'elle
est fort haute , & que par consé-
quent elle devroit paroître quelque
peu plus grande qu'elle ne paroît , si
* elle étoit toûjours également distante
de nous : Mais cependant il ne veut
pas qu'on dise , que cette réfraction
des raïons de la Lune , soit la cause
de ces changemens aparens de sa
grandeur ; car cette réfraction ,
dit - il , n'empéche pas que l'image
qui se trouve au fond de nos yeux ,
lors que nous voyons la Lune qui se
leve , soit plus petite que celle qui
s'y forme , lors qu'il y a long - tems
qu'elle est levée. (Il me semble encore aujourd'hui , que cette raison est convaincante.) Voyez l'article 12. cy-dessus.

Pour répondre à cela , voici comment nous raisonnons , en suivant les
principes * de cét Auteur. Les vapeurs rompent les raïons de telle
sorte , qu'elles font paroître les
objets plus grands. Il y a plus de

* Pour-
quoi
sont - ce
là mes
princi-
cipes ,
puisque je les attribuë à d'autres Philosophes.
Ce sont les principes communs que je n'ai pas
crû devoir éxaminer. Cela n'étant pas absolument nécessaire à mon dessein.

vapeurs entre nous & la Lune, lors
qu'elle se leve, que lors qu'elle est
fort haute, donc la Lune doit paroître plus grande sur l'Horison que
dans le Méridien *, pourvû que
les réfractions qui se font sur l'Horison, augmentent plus son image
sur la retine, que son éloignement
ne nous la diminuë. Cette consequence se déduit si naturellement
des principes de cét Auteur, qu'on
a peine à concevoir comment il en
a pû tirer une toute contraire, en
assurant * que le diamétre de l'image que nous avons de la Lune dans
le fond de nos yeux, (on a oublié :
lors qu'elle est au Méridien), est
plus grand. Ce qui renverse tous les
fondemens de l'Optique. Quant à
ce qu'il ajoûte que les Astronomes
qui mesurent les diamétres des Planetes, remarquent que celui de la
Lune, s'agrandit à proportion qu'elle s'éleve, nous en demeurons d'a-
cord ; mais c'est ce qu'il n'explique
pas, & dont nous allons tâcher de
rendre raison.

* Re-
marquez
cette
condi-
tion ;
pourvû
que, &c.

* C'est
que la
condi-
tion
man-
que, &
que les
refrac-
tions
n'aug-
mentent
pas, ou
si on le
veut,
n'aug-
mentent
pas tant
l'image

de la Lune, que son éloignement là diminuë,
comme je le conclus, de la mesure éxacte de son
diamétre.

J'en ai rendu la raison au même
endroit de la *Recherche de la Verité*, qu'il a cité. Et cette raison est,
que lors que la Lune se leve, elle
est plus éloignée de nous, que lors
qu'elle est dans le Méridien, d'environ un demi - diamétre de la
Terre. Ainsi les Astronomes doivent trouver son diamétre plus
grand dans le Méridien que dans
l'Horison. Il n'y a pas en cela
grand mistére. Mais voici la raison de Monsieur Regis. Il faut
tâcher de la bien comprendre pour
en juger. Une simple lecture ne
suffira peut-être pas.

*Pour cét effet , il faut se souve-
nir de ce qui vient d'étre dit , de
la grandeur de l'image que les objets tracent sur la retine , & supe-
ser ce qui sera prouvé ensuite ; sçavoir , que les Verres des Lunetes
causent aux raïons des réfractions
d'autant plus grandes qu'ils sont
plus inclinez. Car cela étant posé,
nous pouvons assurer , que la Lune
étant mesurée , paroît plus petite lors
qu'elle se leve , que lors qu'elle est
fort haute , parce que la Lune*
dans

dont on ſe ſert, pour la meſurer, augmente moins à proportion ſon image, lors qu'elle eſt ſur l'Horiſon, qu'elle ne l'augmente lors qu'elle eſt vers le Méridien ; dont la raiſon eſt, que les réfraction que la Lunette cauſe, ſont plus petites à meſure que les raïons ſont moins inclinez ; & il eſt certain * que les raïons ſont moins inclinez ſur la Lunette, lors que la Lune eſt dans l'Horiſon, que lors qu'elle eſt au Méridien, à proportion que les réfraction qu'ils ſouffrent en entrant dans l'air, ſont plus fortes lors que la Lune ſe leve, que lors qu'elle eſt fort haute. Ce qui fait qu'il n'y a que le different éloignement de la Lune, qui puiſſe cauſer de l'inégalité dans la grandeur de l'image qu'elle trace ſur la reſine. Or eſt-il, que par l'article 3. du Chapitre 17. le reſte étant égal, plus les objets ſont éloignez, plus leurs images ſont petites ; donc la Lune étant plus éloignée de nous lors qu'elle eſt dans l'Horiſon, que lors qu'elle eſt dans le Méridien ; ce n'eſt pas merveille ſi elle paroît ſous un moindre diamétre.

* Cela n'eſt pas vrai. Les raïons doivent tomber perpendiculairement ſur la Lunette dans quelque ſtuatiõ que ſoit la Lune. Cela n'a pas beſoin de preuve. Je ſuis étrangemét ſurpris de ce diſcours.

P

A quoi M Regis penfoit-il ?

C'eſt donc une choſe conſtante, que la Lune, bien qu'elle dût paroître plus petite étant ſur l'Horiſon, à cauſe qu'elle eſt plus éloignée, cela n'empêche pas, qu'elle ne puiſſe paroître plus grande, & qu'elle ne paroiſſe en effet telle, toutes les fois que les réfractions de ſes raïons augmentent plus ſon image materielle ſur la retine, que ſon éloignement de la Terre ne la diminuë. Ce qui eſt confirmé par l'experience, qui fait voir qu'un objet, quoique plus éloigné, peut paroître plus grand, étant regardé par un Verre convexe, qu'il ne paroîtroit étant plus proche, s'il étoit regardé ſans ce Verre.

J'ai tranſcrit. Vous avez lû. Decidez donc, équitable Lecteur, lequel de nous deux, de Monſieur Regis ou de moi renverſe les vrais fondemens de l'Optique.

Monſieur Regis n'étant pas pleinement ſatisfait d'avoir donné ſa *Réplique* ſoûs le faux titre de troiſiéme

& quatriéme Journal, il en avoit encore inseré des extraits dans le *septiéme & huitiéme Journal des Sça-vans* ; dans un desquels il conclût, que toutes les raisons du Pere Malebran-che, étoient directement opposées aux veritables principes de l'Optique. Cela obligea ce Pere à envoïer à l'Auteur du Journal l'Ecrit suivant, duquel on n'a imprimé que l'attestation des Géo-metres. Pour le reste, on ne sçait pas comment il a été suprimé. Cependant l'Auteur du Journal avoit promis, à ce qu'on dit,

aprés l'avoir lû , qu'il ne manqueroit pas de le faire imprimer tout entier , tel qu'on lui avoit donné. Mais à la place de l'Ecrit du Pere Malebranche, M. Regis a substitué un *Avis* diffammatoire contre les Aprobateurs , toutes Personnes de merite & d'une reputation bien établie dans le monde , prétendant par ce moïen les exclure , & tous autres par consequent. Car le P. Malebranche , n'a garde presentement d'exposer les Sçavans aux injures de M. Regis. C'est à lui à chercher des Aprobateurs de

fa *Réplique* s'il efpere d'en
trouver, & à nommer en-
tre fes Amis, des Juges de
la Difpute, en leur pro-
metant avec ferment de
ne point leur infulter s'ils
le condannent ; car fans
cela, la commiffion feroit
délicate & perilleufe. Enfin le Pere Malebranche
aprés cét *Avis* offenfant
de M. Regis, a crû le de-
voir abandonner à lui-mê-
me. Apparamment, c'eft
qu'il ne veut plus difputer
avec un Homme qui perd
contenance, & qui mar-
que affez par fes maniéres
injurieufes, qu'il manque

de bonnes raiſons. Voici
une copie de l'Ecrit dont
je viens de parler.

ECRIT

ECRIT

Que le Pere Malebranche avoit donné pour être mis dans le dixiéme Journal de cette année 1694.

MOnsieur Regis, dans l'extrait de sa Réplique inserée dans le septiéme Journal de cette année page 84. conclût que de toutes les raisons que le P. Malebranche aporte dans sa Réponse, pour confirmer l'opinion qu'il a voulu établir dans sa Recherche de la Verité, touchant la grandeur aparente de la Lune dans l'Horison, il n'y en a pas une seule qui ne soit directement oposée aux veritables principes de l'Optique. Ces dernieres paroles sont fort significatives, & rien n'y manque, pour persuader ceux qui voudront bien l'en croire, que son excellente *Réplique* a foudroïé ma miserable *Réponse*. Je vous prie donc , Monsieur , pour détromper le public , de faire mettre dans le Journal l'Aprobation que je vous envoye. Elle est signée d'un nombre suffisant de Géometres , dont la réputation est assez établie dans le monde, & qui sont fort éloignez de croire , *que de toutes mes raisons , il n'y en a pas une seule qui ne soit directement oposée aux veritables principes de l'Optique.* Leur jugement sera plus croiable que la conclusion de Monsieur Regis, dans sa propre cause.

J'ai lû la Réponse du P. Malebranche à Monsieur Regis , & j'ai trouvé que les preuves qu'il raporte de son sentiment touchant les diverses aparences de grandeur du Soleil & de la Lune dans l'Horison & dans le Méridien , étoient demonstratives & clairement deduites des veritables principes de l'Optique. Signé LE MARQUIS DE L'HÔPITAL. L'ABBÉ DE CATELAN. VARIGNON. SAUVEUR.

Lors que Monsieur Regis aura trouvé quelques sçavans Mathematiciens , qui voudront bien rendre un témoignage public en faveur de sa *Réplique* , je m'engage d'y répondre alors. Mais je serai bien trompé , s'il en trouve un seul qui ose se declarer pour cét écrit. Quoiqu'il en soit , j'attendrai à refuter à fond la Réplique de Monsieur Regis , que j'aie reconnu qu'elle merite de l'être. Car si tous les Sçavans Mathematiciens , jugent, comme je le croi , qu'elle est remplie de faux principes, de méchans raisonnemens , de faussés experiences, en un mot, de broüilleries, qui marquent évidemment, à ceux qui entendent la matiére , que l'Auteur parle de ce qu'il n'entend point , il seroit fort inutile d'y répondre serieusement.

Peut-être seroit-il bon d'avertir encore ceux qui se rendent plûtôt à l'autorité des Sçavans qu'à de bonnes raisons qu'ils n'examinent pas , que Monsieur Descartes qui sçavoit un peu mieux *les veritables principes de l'Optique* , que Monsieur Regis , est non seulement de mon sentiment, mais qu'il en rend auſſi les mêmes raiſons dans ſa Dioptrique *Diſcours* 6. pages 66. & 67. de l'édition de 1637. à Leide.

Au reſte, cette maniére abregée & déciſive de réfuter des Ouvrages, qu'on ne croit pas meriter une ample réponſe, n'eſt pas ſans exemple. Car en 1645. M. Pell Profeſſeur de Mathematique à Amſterdam, ayant refuté la quadrature du cercle de Longomontanus, & celui-ci ne ſe rendant point, il crût que le plus court étoit de faire aprouver ſa refutation, par pluſieurs Sçavans Géometres. Et il raporte dans l'Hiſtoire de ſa Controverſe, les Aprobations de Meſſieurs de Roberval, de Hobbes, de Carcavi, de Cavendiſsh, de Lé Palieur, du Pere Merſenne, de Taſſius, de wolzogen, de Deſcartes, de Cavallieri, de Mydorge & de Golius.

[Ce qui ſuit n'étoit pas dans l'écrit envoyé à l'Auteur du Iournal.]

Il eſt à propos de remarquer, qu'il y a une différence eſſentiel-

le entre la conduite de M. Pell &
de ſes Aprobateurs, & celle du
Pere Malebranche, que Monſieur
Pell étoit l'agreſſeur, & que ce
Pere ne fait que ſe défendre. Les
Aprobateurs de Monſieur Pell,
pouvoient peut-être s'excuſer, de
ſe declarer publiquement en ſa
faveur, par cette raiſon ; que
c'étoit un jeune homme qui trou-
bloit le repos d'un Vieillard, &
qu'il y a d'ordinaire quelque mal-
honéteté à attaquer les gens. Du
moins Monſieur de Roberval ne
devoit-il pas traiter ce bon Homme de demi-Sçavant, *Sciolus*. Cependant perſonne n'a trouvé à re-
dire, que ces douze Aprobateurs
ayent rendu témoignage à la verité. Perſonne n'a été aſſés hardi
pour leur inſulter publiquement.
Longomontanus a été condanné
par les Sçavans, & aparamment,
il l'auroit été par l'autorité du
Magiſtrat, s'il avoit pris le ſtile
de l'Auteur de l'Avis. Car enfin,
s'il n'eſt pas permis de porter ſon
jugement ſur des veritez de Mathematique, ſi on ne peut par

exemple trouver, que les preuves que le Pere Malebranche a données de son sentiment, sont demonstratives, sans s'exposer à être outragé par des écrits publics, il n'y aura plus de liberté parmi les Gens de Lettres, plus d'Examinateurs, plus d'Aprobateurs, plus des Juges.

On attendra donc que Monsieur Regis fasse aprouver sa Réplique, par quelques habiles Mathematiciens : Qu'ils soient ou ne soient pas de ses amis, il n'importe, pourvû qu'ils ayent quelque reputation de Géometres. Car on ne craint pas que des Gens d'honneur veuillent par amitié se declarer publiquement, pour une Replique insoutenable, & sacrifier inutilement leur réputation à la gloire de Monsieur Regis. Il auroit évité l'embarras où il se trouve maintenant, s'il avoit été obligé de faire aprouver sa premiére Réplique, avant que de l'imprimer, comme font les autres Auteurs, & comme j'ai fait moi-même. Car c'est Monsieur de la Hire, qui a été nommé par Monſieur le Chancelier pour examiner ma *Réponſe* ; & il a aprouvé mon ſentiment, quoique ſelon la conclusion de Monſieur Regis, de toutes les preuves que j'en donne il n'y en ait pas une ſeule qui ne ſoit directement oppoſée aux veritables principes de l'Optique.

Tous les memoires qui paroiſſent dans cette ſeconde édition, m'ont été envoïez par un inconnû, & je puis aſſurer que le P. Malebranche, ne penſoit à rien moins qu'à une ſeconde impreſſion de ſa Réponſe, elle a été faite ſur une copie qu'un de mes amis me communiquâ il y a quelque tems, je ſuis bien aiſe que vous foïez encore informé Monfieur, que j'ai inferé quelques notes dans le corps de la Réponfe, à l'infçû de l'Auteur.

Aparement cette difpute eft finie, car le P. Malebranche dans l'onziéme Journal a declaré que M. Regis ne fe rendant point à fes raifons, & excluant toute forte de Juges par fes manieres offanfantes, il l'abandonoit à lui-même, & s'en tenoit au jugement du public, il n'y a pas d'aparence, que les honnêtes Gens aprouvent les manieres de M. Regis, & je ne crois pas, que les

Géometres qui examine-
ront son sentiment , y
trouvent quelque vrai-
semblance.

II. DISSER.

II. DISSERTATION.

De la Nature des Idées. Et en particulier de la manière dont nous voïons les objets qui nous environnent.

VOici un sujet qui mérite bien plus l'attention du Lecteur, que celui que je viens d'éclaircir. Il s'agit ici de la Nature des Idées qui nous repréſentent les objets. Il s'agit de ſçavoir, s'il y a une Raiſon univerſelle qui éclaire toutes les intelligences immédiatement & par elle-même : ou ſi chaque eſprit particulier peut découvrir dans les diverſes modalitez de ſa propre ſubſtance, la nature de tous les Etres & créez & poſſibles, & l'infini même. Il n'y a point, ce me ſemble, de queſtion

qui nous regarde de plus prés,
quoique bien des Gens ne s'en
embarraſſent guéres : car enfin,
il s'agit d'une choſe qui entre
dans la définition même de l'Homme qu'on définit ordinairement,
Animal Rationis particeps. Il s'agit
de ſçavoir, ce que c'eſt que la
Raiſon. Je prie donc le Lecteur
de ſe rendre attentif, & de ne
point s'éffraïer de la ſublimité de
la matiére. Je tâcherai de la rendre ſenſible, du moins à ceux qui
ſçavent déja, ou qui voudront
bien ſupoſer que les couleurs ne
ſont point répanduës ſur les objets,
verité qui eſt maintenant aſſés
communément reçüe, & que je
croi avoir ſuffiſamment démon-
trée dans le premier Livre de la
Recherche de la Vérité. La queſtion
particuliere que je vas d'abord tâcher d'éclaircir, & qui donnera
lieu de parler en général de la
nature des Idées, eſt de ſçavoir
comment nous voïons les objets
qui nous environnent. J'ai ſur cela
un ſentiment qui paroît étrange,
& dont l'imagination ne s'accom-

mode pas volontiers , car je croi
que c'eſt uniquement en Dieu que
nous les voïons. J'ai prouvé ce
ſentiment fort au long , dans la
Recherche de la Vérité & ailleurs. *
Car comme je parlois dans cét
Ouvrage pour tout le monde , je
devois donner de toutes ſortes de
preuves. Mais comme je parle ici
principalement à Monſieur Regis,
& à quelques Carteſiens , je ſerai
plus court & plus précis : parce
que je ne m'arrêterai qu'à une
eſpece de preuve. Ainſi il ſera aiſé
de décider lequel de nous deux a
raiſon.

1. Je ſupoſe comme une vérité
inconteſtable , que les couleurs ne
ſont point répanduës ſur les objets , mais qu'elles ſont uniquement dans l'ame. Monſieur Regis
en convient , & c'eſt pour cela
que je le ſupoſe. Par le mot de
couleur , on n'entend pas la con-
figuration des petites parties , dont
ce papier par exemple , eſt compoſé , laquelle eſt inſenſible , on
entend par la couleur , ce qu'on
voit en regardant ce papier , c'eſt

à dire sa blancheur aparente.

2. Il est certain qu'on ne voit les corps que par la couleur, & qu'on ne peut en les regardant distinguer leur differente nature que par la difference des couleurs. Il ne faut point ici de preuves, mais un peu de réflexion sur les effets des couleurs dans la peinture.

3. Si donc je voi présentement ce Livre, ce bureau, ce plancher, & si je juge de leur différence & de celle de l'air d'alentour, c'est que l'idée de l'étenduë, selon ses diverses parties, modifie mon ame là d'une couleur, & ici d'une autre. Et comme l'air est invisible, cette Idée ne modifie point mon ame de quelque couleur ou de quelque perception sensible, pour le lui représenter, mais d'une perception pure. C'est assurément ainsi qu'on voit les objets. Car, prenez y garde, voici le principe.

4. Il est certain, que tous les Hommes ont l'Idée de l'étenduë présente à l'esprit dans le tems-

même qu'ils ont les yeux fermez.
Monsieur Regis * a fait un Chapitre exprés, pour prouver que
cette Idée est essentielle à l'ame,
c'est à dire à l'esprit entant qu'uni
au corps. Quand on a les yeux
fermez, cette Idée ne modifie
point l'ame de diverses couleurs,
c'est à dire de diverses perceptions
sensibles. Elle ne la modifie que
d'une perception plus légére ou
purément intellectuelle, qui la représente immense, mais sans aucune diversité dans ses parties,
par ce que cette Idée ne modifie
point l'ame diversement, car je
supose que l'imagination n'agisse
point, ou ne forme point des images particuliéres de cette Idée
générale. Concevons maintenant
qu'un Homme, qui avoit les yeux
fermez, vienne à les ouvrir au
milieu d'une campagne, & voïons
ce qui lui arrivera de nouveau;
Cét Homme avoit en lui l'Idée de
l'étenduë, quand il avoit les yeux
fermez; cette Idée est essentielle
à l'ame, dit Monsieur Regis;
Nous ne sommes jamais sans elle,

* To. 1.
P. 157.

Il aura donc encore cette Idée.
Mais il ne verra point cette uni-
formité qu'il concevoit entre ses
parties : parce que cette Idée au
lieu de ne modifier son esprit que
d'une perception intellectuelle,
elle le modifiera actuellement d'un
grand nombre de perceptions sensibles, ou de couleurs toutes différentes. Car les couleurs ne sont
que dans l'ame. Ce ne sont que
des perceptions vives & sensibles,
qui se raportent directement à l'I-
dée de l'étenduë qui les produit,
& indirectement aux objets qui en
sont ordinairement l'ocasion. Je
dis *ordinairement*, parce qu'on voit
quelque fois des objets qui ne sont
point.

5. Cela étant ainsi, ce qu'on
apelle *voir les Corps*, n'est autre
chose qu'avoir actuellement présente à l'esprit l'Idée de l'étenduë, qui le touche ou le modifie
de diverses couleurs. Car on ne les
voit point directement ou immediatement en eux-mêmes. Il est
donc certain, qu'on ne voit les
corps que dans l'étenduë intelli-

gible & générale, renduë sensible
& particuliere par la couleur, &
que les couleurs ne sont que des
perceptions sensibles que l'ame a
de l'étenduë, lors que l'étenduë
agit en elle & la modifie. Quand
je dis *l'étenduë*, j'entens l'intelligible, j'entens l'Idée ou l'archetype de la matiére. Car il est clair,
que l'étenduë materielle ne peut
agir efficacement & diversement
dans nôtre esprit. Elle est absolument invisible par elle - même. Il
n'y a que les Idées intelligibles
qui puissent affecter les intelligences. Quoi qu'il en soit, Monsieur
Regis demeure d'acord, qu'on
voit les corps dans l'Idée de l'é-
tenduë, & cela me suffit ici.

6. J'aurai donc démontré qu'on
voit les corps en Dieu, si je puis
prouver que l'Idée de l'étenduë ne
se trouve qu'en lui, & qu'elle ne
peut être une modification de nôtre ame. Car comme tous les corps
particuliers sont composez d'une
étenduë ou matiére commune &
générale, & d'une forme particuliére : de même les Idées particu-

lieres des corps , ne sont faites
que de l'Idée générale de l'étenduë vûë soûs des formes ou par
des perceptions intellectuelles ou
sensibles toutes différentes. Je croi
que Monsieur Regis en demeurera
d'acord lui - même , puisqu'il convient. * *Que tous les corps particu-*
liers sont présens à l'esprit confusé-
ment & en général , parce que leur
présence n'est que l'Idée même de
l'étenduë. Ainsi il est clair, que
toute la question se reduit à sçavoir , si l'Idée de l'étenduë n'est
qu'une modification de l'ame, comme Monsieur Regis le prétend : ou
si cette Idée est préalable à la pérception qu'on en a , & si elle ne
se trouve qu'en Dieu. Je raisonne
donc ainsi.

* To. 1.
p. 186.

7. Toutes les modifications
d'un Etre fini sont nécessairement
finies. Car la modification d'une
substance , n'étant que sa façon
d'Etre , il est évident, que la modification ne peut pas avoir plus
d'étenduë que la substance-même.
Or nôtre esprit est fini, & l'Idée
de l'étenduë est infinie. Donc cette

Idée ne peut pas être une modification de nôtre esprit.

Que nôtre esprit soit fini, cela est certain. Car plus nos perceptions embrassent de choses, plus elles sont confuses. Si nôtre esprit étoit infini, il pourroit comprendre actuellement l'infini. Mais aparemment on ne me contestera pas cette vérité. Il reste donc à prouver, que l'Idée de l'étenduë est infinie.

8. Ce que nous sçavons certainement n'avoir point de bornes est certainement infini. Or l'Idée de l'étenduë est telle que nous sommes certains que nous ne l'épuiserons jamais, ou que nous n'en trouverons jamais le bout, quelque mouvement que nous donnions pour cela à nôtre esprit. Nous sommes donc certains, que cette Idée est infinie. Il est vrai que la perception que nous avons de cette Idée est finie, parce que nôtre esprit étant fini, ses modifications le sont aussi. Voilà pourquoi nôtre esprit ne peut embrasser ou comprendre l'infini. Mais pour

pour l'Idée de l'eſpace ou de l'immenſité, je ſuis aſſuré qu'elle paſſe infiniment l'Idée que j'ai du
monde, & de tout nombre fini
de mondes, quelques grands qu'ils
ſoient. Et j'atteſte ſur cela la conſcience des Lecteurs. Car c'eſt là
une de ces Veritez qui ne ſe peut
autrement démontrer, par ce qu'on
ne peut rien démontrer qu'on ne
convienne des mêmes Idées.

9. S'il eſt donc certain, que
l'Idée de l'étenduë eſt infinie, elle
ne ſe peut trouver qu'en Dieu. Or
j'ai prouvé qu'on ne voïoit les
corps que dans l'Idée de l'étenduë,
puiſque *voir differens corps*, n'eſt
autre choſe qu'être modifié de diverſes couleurs, ſelon diverſes parties de l'étenduë intelligible. Donc
il eſt certain, qu'on ne voit les
corps qu'en Dieu. Auſſi n'y a t'il
que lui qui puiſſe modifier nos
eſprits, & qui renferme dans ſa
ſubſtance, d'une maniére intelligible, les perfections de tous les
Etres créez, je veux dire, les
Idées ou les archetypes, ſur leſquels il les a formez. Car je ne

comprens pas comment on peut
foûtenir que la création du monde eſt préalable à la connoiſſance
que Dieu en a , ſans bleſſ·r ſa
ſageſſe & ſa préſcience dans la
formation de ſes decrets.

10. Monſieur Regis demeure
d'accord * que l'Idée de l'immenſité repréſente une étenduë ſans
bornes. Mais il ſoûtient , que des
Idées finies peuvent repréſenter
l'infini , parce qu'il confond *l'Idée*
de l'immenſité avec la *pérception*
que l'eſprit en a , & qu'il prétend
généralement, * *que toutes les Idées*
dont l'ame ſe ſert pour apercevoir
les corps , ne ſont que de ſimples
modifications de l'eſprit , & * que
des Idées, quoi que finies, doivent
paſſer pour infinies en ce ſens
qu'elles repréſentent l'infini.

Il me ſemble , que cette
difficulté n'eſt pas difficile
à démêler. Monſieur Regis
n'a qu'à répondre à ce petit
raiſonnément : lorsqu'il penſe à la Géometrie , voit - il

*To.1.
P. 183.

*P.190.

*P.194.

qu'il puisse épuiser l'Idée de son esprit ? S'il le voit, assurément , il n'a pas l'Idée de l'infini ; mais s'il aperçoit que cette Idée qu'il contemple soit inépuisable , elle a plus d'étenduë que son esprit, & elle n'en sçauroit être la modification.

Il est, ce me semble, évident , que ce qui est fini n'a point assez de réalité , pour représenter immédiatement l'infini. Si mon Idée, si l'objet immédiat de mon esprit (car c'est là ce que j'apelle mon Idée) est fini , & que je ne voïe directement que cét objet immédiat, de quoi on ne peut douter, puisqu'il n'y a que cét objet qui m'affecte , il est certain que je ne verrai directement rien d'infini. Si donc l'Idée de l'immensité étoit finie , comme le veut Monsieur Regis , quoi qu'elle agît en moi selon tout ce qu'elle est, elle ne pourroit jamais me faire voir l'infini. Il faut donc que cette Idée soit infinie, puisque je voi qu'elle enferme une immensité qui n'a point de bornes, & que je suis tres-certain qu'elle n'en a point. Il est vrai, que cette Idée infinie agissant dans mon esprit qui est fini, elle ne peut le modifier que d'une pérception finie. Mais pour apercevoir l'infini, pour sçavoir certainement que ce qu'on aperçoit est infini, il n'est pas nécessaire que la pérception soit infinie. Il n'y a que la compréhension de l'infini, que la pérception qui mesure l'infini, qui doive être infinie comme son objet. Pour sçavoir que ce qu'on voit est infini, il suffit que l'infini affecte l'ame, quelque légére que soit l'impression qu'il fait en elle. Car les pérceptions ne répondent presque jamais à la réalité de leurs Idées. Quand je me pique, par exemple, ou que je me brûle, j'ai une pérception tres-vive & tres-grande d'une Idée, pour ainsi dire, fort petite : Et quand je m'imagine les Cieux, ou que je pen-

se à l'immensité des espaces , j'ai
une pérception tres-petite & tres-
foible d'une tres-vaste Idée. Il y a
presque toûjours plus de pérception , ou ce qui est la même chose,
la capacité que l'ame a de penser,
est plus partagée par les petites
Idées que par les grandes. Preuve
certaine que nos Idées sont bien
différentes des pérceptions que
nous en avons , & qu'il ne faut
point juger de la grandeur des
Idées par les modifications qu'elles produisent en nous , mais par
la réalité qu'on découvre en elles.
Et comme on découvre dans l'I-
dée de l'immensité une étenduë
sans bornes , il faut croire ce
qu'on voit , c'est à dire, que cette
étenduë intelligible est infinie ,
quoique l'impression qu'elle fait
sur nôtre esprit , soit non seulement finie , mais beaucoup plus
légére que celle que l'Idée de la
pointe d'une éguille y pourroit
faire.

11. Je croi devoir dire ici ,
qu'on ne doit pas juger , que le
monde n'a point de bornes , à cau-

ſe que l'Idée de l'étenduë n'en a point. Car on ne peut pas même en conclure que Dieu ait créé un ſeul pied d'étenduë. On peut bien de l'Idée de l'étenduë tirer les proprietez qui apartiennent au corps, puis que cette Idée repréſente leur nature, comme étant l'archetype, ſur lequel Dieu les a créez, & qu'on doit juger des choſes ſelon leurs Idées. Mais la création de la matiére étant arbitraire & dépendante de la volonté du Créateur ; puiſque l'Idée qui la repréſente eſt infinie, neceſſaire, éternelle, il eſt évident qu'on pourroit abſolument avoir la pérception de cette Idée, ſans qu'il y eut de monde créé. Certainement Dieu a vû le monde avant la création, comme il le voit maintenant. Il eſt vrai qu'il ne l'a vû que comme poſſible, avant ſes decrets ou indépendamment de ſes decrets. Mais ſes decrets ſupoſez, il l'a vû comme actuellement éxiſtant. Je dis ceci, parce que Monſieur Regis prétend que l'étenduë créée eſt *la cauſe*

exemplaire des Idées qui la repréfentent, au lieu que c'eſt l'Idée
qui eſt l'archetype ou l'exemplaire, ſur lequel la matiére a été
faite. Je vas encore donner quelques preuves, que nos Idées ſont
bien différentes de nos modifications, ou des pérceptions que
nous en avons, car cette queſtion
eſt le fondement de la diſpute.

12. Maintenant que je regarde
ma main, j'en ai l'Idée préſente
à l'eſprit par la modification de
couleur, dont cette Idée affecte
mon ame. Car la couleur que je
vois n'eſt pas dans cette main que
je remuë, elle n'eſt que dans mon
ame. Monſieur Regis en convient.
Et c'eſt par elle que je diſtingue
ma main d'avec l'air qui l'envi-
ronne, ou l'Idée de ma main
d'avec celle de l'air : Car les objets ne ſont viſibles que par la
couleur. Supoſons auſſi, que cette
main ſoit dans l'eau chaude. Cette
même Idée de ma main ſera de
nouveau préſente à mon eſprit,
par la modification de chaleur.
Car la chaleur n'eſt auſſi que dans

l'ame , comme Monſieur Regis
en convient encore. Il faut remarquer , que l'expérience aprend ,
que quand même on m'auroit cou-
pé le bras, je pourrois ſentir la douleur dans ma main ; & par la même
raiſon , ſi le nerf Optique étoit
ébranlé comme il le doit être pour
la voir, je la verrois en même-tems.
Cela ſupoſé , je raiſonne ainſi.

La chaleur n'eſt pas la couleur,
ce ſont deux differentes modifications de mon ame. Or je ne voi
ou je ne ſens pas deux mains.
C'eſt la même Idée d'étenduë qui
modifie mon ame de couleur & de
chaleur. Je dois donc diſtinguer
l'Idée de ma main , de la pérception que j'en ai. Les Idées des
objets ſont donc préalables aux
pérceptions que nous en avons. Ce
ne ſont donc point de ſimples modifications. C'eſt à dire , que ces
Idées ne ſe trouvent qu'en Dieu ,
qui ſeul peut agir dans nôtre ame,
& la modifier de diverſes pérceptions par ſa propre ſubſtance : non
telle qu'elle eſt en elle-même ,
mais entant qu'elle eſt la lumiere

ou la raifon univerfelle des efprits : entant qu'elle eft repréfentative des créatures & participable par elles : entant en un mot qu'elle contient l'étenduë intelligible , l'archetype de la matiere. On ne doit pas éxiger de moi , que j'explique plus clairement la maniere dont Dieu agit fans ceffe dans les efprits : j'avouë que je n'en fçai pas davantage.

13. Mais faifons encore quelques refléxions fur la différence qu'il y a entre nos Idées & nos pérceptions , entre l'Idée de l'étenduë ou d'un quarré , par exemple , & la pérception que nous en avons. Certainement nous connoiffons clairement l'Idée du quarré , & par elle les quarrez matériels s'il y en a de créez. Mais pour la pérception que nous en avons, foit intellectuelle, foit fenfible , nous ne la connoiffons que confufément & par fentiment intérieur. Je vois clairement, que fi du fommet d'un angle d'un quarré , je tire une ligne droite qui coupe par le milieu un des côtez

opofez, le triangle qu'elle retran-
chera du quarré, en fera le quart :
Que fi cette ligne coupe deux angles, qu'elle le partagera également : que le quarré de cette dia-
gonale fera double du quarré, &
ainfi des autres proprietez que je
puis découvrir dans cette Idée.
Mais je connois fi peu la modification de mon efprit, ou la pérception que j'ai de l'Idée du quarré, que je n'y puis rien découvrir.
Je fens bien que c'eft moi qui
aperçois cette Idée : mais mon
fentiment intérieur ne m'aprend
point, comment il faut que mon
ame foit modifiée, afin que j'aïe
la pérception intellectuelle ou la
pérception fenfible de blancheur,
pour connoître ou voir une telle
figure. Dieu connoît clairement la
nature de mes pérceptions fans les
avoir : parce qu'ayant en lui-même l'Idée ou l'archetype de mon
ame, il voit dans cette Idée intelligible & lumineufe, comment
l'ame doit être modifiée, pour
avoir une telle ou telle pérception,
blancheur, douleur ou toute autre

qu'il ne fent pas : Mais pour moi c'eft tout le contraire. Je fens mes pérceptions fans les connoître : par ce que n'ayant pas une Idée claire de mon ame, je ne puis découvrir que par le fentiment intérieur, les modifications dont je fuis capable.

14. Enfin la différence qu'il y a entre nos pérceptions & les Idées me paroît auffi claire que celle qui eft entre-nous qui connoiffons, & ce que nous connoiffons. Car nos pérceptions ne font que des modifications de nôtre efprit, ou que nôtre efprit même modifie de telle ou telle maniere : Et ce que nous connoiffons ou que nous voïons, n'eft proprement que nôtre Idée. Car fi nos Idées font repréfentatives, ce n'eft que parce qu'il a plû à Dieu de créer des Etres qui leur répondiffent. Quoique Dieu n'eût point créé de corps, les efprits feroient capables d'en avoir les Idées. Quand ouvrant les yeux je regarde une maifon, certainement la maifon que je voi, ou ce qui eft l'objet

Voïez encore la Rép. du P.M. aux rép. de M.R. ci-deffous.

immédiat de mon efprit, n'eft nullement la maifon que je regarde.
Car je pourrois voir ce que je voi,
quand même la maifon ne feroit
plus : puifque pour voir une maifon, il fuffit que l'Idée de l'étenduë modifie l'ame par des couleurs
diftribuées de la même maniere,
que fi je regardois actuellement
une maifon. Il n'eft pas néceffaire
que je m'étende davantage fur cette matiére, aprés tout ce que j'ai
fait dans mes autres Ouvrages,
pour tâcher de l'éclaircir. Mais
examinons la Critique de Monfieur Regis. Je vas raporter tout
fon texte, afin qu'on en puiffe
juger plus feurement. Il commence ainfi le Chapitre 14. du Liv. 2.
de fa Metaphyfique.

* L'Au-
teur de
la Re-
cherche
de la ve-
rité.

25. *Il y a un Philofophe mo-
derne * qui enfeigne, que nous voïons les corps en Dieu, non entant
que Dieu produit en nous leurs Idées,
mais entant qu'il eft lui-même comme l'Idée dans laquelle, ou par laquelle nous voïons les corps.*

Ce Philofophe pour établir fon
* Dans *opinion, prétend * que toutes les*

manières dont l'ame peut connoître le 3. Liv.
les corps font comprifes dans le dé- Chap. 1.
nombrement qu'il en fait en ces ter- Art. 2.
mes : Nous aſſurons donc, qu'il eſt
abſolument neceſſaire , que les
Idées que nous avons des corps ,
& de tous les autres objets que
nous n'apercevons point par eux-
mêmes , viennent de ces mêmes
corps ou de ces objets , ou bien
que nôtre ame ait la puiſſance de
les produire , ou que Dieu les ait
produites avec elles en la créant ,
ou qu'il les produiſe toutes les
fois qu'on penſe à quelque objet ,
ou que l'ame ait en elle - même
toutes les perfections qu'elle voit
dans ces corps , ou enfin qu'elle
foit unie à un Etre tout parfait ,
& qui enferme généralement toutes les perfections des Etres créés.

Enfuite de ce dénombrement , il
examine quelle de toutes ces maniè-
res de connoître les corps eſt la plus
vrai-femblable ; & fupofant avoir
prouvé que les Idées des corps ne
viennent pas des corps, ni de l'ame,
ni de ce que Dieu produit ces Idées
toutes les fois que l'ame en a befoin,

il conclut enfin , que les Idées des corps viennent de ce que Dieu , qui renferme généralement toutes les perfections des corps , est uni à l'ame.

Pour découvrir le défaut de cette conclusion , nous allons répondre aux raisons sur lesquelles elle est apuïée ; & pour le faire, avec plus d'ordre , nous refuterons chacune de ses raisons à mesure qu'elles seront proposées.

RÉPONSE. J'ai fait un dénombrement de toutes les maniéres possibles de voir les corps. J'ai donné mes preuves , qu'on ne les voit point par aucune des manieres dénombrées, à l'exception de la derniere. Enfin , j'ai conclu en faveur de cette derniere. Voilà ce que Monsieur Regis convient ici que j'ai fait. Que devoit-il donc faire lui - même, *pour découvrir le défaut de cette conclusion?* Il devoit, ce me semble , ou faire voir que le dénombrement n'est pas éxact , ou que les preuves que j'ai données , pour faire exclusion des manieres sont fausses. Cependant ce n'est pas là ce qu'il fait. Il ne

tâche qu'à refuter quelques raifons que je pourrois bien n'avoir
données que par furabondance de
droit. Car enfin le dénombrement
étant fupofé éxact , & les exclu-
fions bien prouvées , il ne peut y
avoir de *défaut à découvrir dans
la conclufion.* Il auroit donc été
plus à propos que Monfieur Regis
eût pris un autre tour , que celui
de raporter mon dénombrement ,
ou qu'il eût combatu les exclu-
fions que j'ai faites , & prouver
que l'ame peut voir en elle-même
dans fes propres perfections ou
modifications, tout ce qu'elle peut
connoître. Et comme j'ai réfuté
ce fentiment dans un Chapitre exprés , qui eft celui qui précede
immédiatement l'endroit qu'il éxa-
mine , il devoit répondre à mes
raifons. Il eft vrai qu'écrivant alors
pour tout le monde , je ne me
fuis pas arrêté beaucoup dans ce
Chapitre , à la réfutation de fon
fentiment. Mais c'eft que ce fentiment n'étant pas fi communément reçû que les autres , je n'ai
pas crû devoir emploïer beaucoup

de tems & de raisons pour en faire voir la fausseté.

Au reste, si je n'avois eu en vûë que Monsieur Regis, je n'aurois point fait le dénombrement des diverses opinions qui s'enseignent communément, & je ne les aurois point réfutées pour établir la mienne. Ou si j'avois pû déviner ce qui n'est arrivé que quinze ou vingt ans aprés, car son Livre n'a paru qu'environ ce tems aprés le mien, j'aurois mis dans la *Recherche de la Verité*, ce que j'ai écrit dans plusieurs autres * Ouvrages, pour refuter plus au long le sentiment qu'il soûtient. Mais puisque Monsieur Regis vouloir m'attaquer, il a pû & dû les éxaminer ces Ouvrages. Peut-être même l'a t'il fait. D'où vient donc, qu'il ne combat point les preuves que j'ai données de la fausseté de son sentiment ? Mais d'où vient qu'il ne dit rien du Chap. 5. qui précede immédiatement celui dont il tire les raisons qu'il combat ici, lequel Chapitre est directement contre son opinion ? Enfin, d'où vient que dans

* Eclaircissemés sur la R. de la Verité. Réponse au Livre des vraïes & fausses Idées. Entretiens sur la Metaphysique.

le Chapitre même qu'il critique,
& dont il vient de dire, *qu'il refute-*
ra les raisons à mesure qu'elles seront
proposées, d'où vient, dis-je, qu'il
passe ce qu'il y a de plus fort, &
de plus directement * oposé à son
sentiment ; & qu'il s'arrête à répondre à ce qui ne le regarde pas.
C'est aparemment par inadver-
tance ou par négligence : car
je n'ose pas prendre cette omis-
sion, pour un aveu de son impuissance. Mais il voudra bien
que je lui dise, que c'est un peu
méprifer un Auteur, que de critiquer son Ouvrage aussi négli-
gemment qu'il a fait le mien. Il
continuë.

16. *La première raison de cét*
Auteur, est que Dieu agit tou-
jours par les voïes les plus sim-
ples & les plus faciles : D'où il
infére que Dieu doit faire voir à
l'ame, tous les corps en voulant
simplement qu'elle voïe ce qui est
au milieu d'elle, sçavoir la propre
essence de Dieu, qui représente tous
les corps.

* On
verra
plus bas
ce que
c'est,
artic. 21.

REPONSE. Il faut remarquer
1° Que cette raison , comme
Monſieur Regis l'expoſe, conclut
ce que je ne veux point conclure.
Car je ne conclus pas *qu'on voïe la*
propre eſſence de Dieu qui repre-
ſente tous les corps. Je dis au contraire immediatement aprés cette
raiſon : *qu'on ne peut pas conclure*
que les eſprits voïent l'eſſence de
Dieu , de ce qu'ils voïent toutes
choſes en Dieu. Car en effet , il eſt
faux que *l'eſſence de Dieu repré-*
ſente les corps. C'eſt l'Idée de l'é-
tenduë qui les repréſente. Certainement cette Idée eſt en Dieu :
Mais elle n'eſt pas ſon eſſence.
Qui dit *eſſence*, dit l'Etre abſolu ,
qui ne repréſente rien de fini. Car
c'eſt la ſubſtance de Dieu , priſe
relativement aux Creatures ou entant que participable par elles qui
les repréſente.

2° Que je ne prétens point par
cette premiere raiſon combatre le
ſentiment de Monſieur Regis ,
mais l'opinion commune. Cela eſt
clair , parce qu'avant de la donner, je dis : *Or voici les raiſons*

*qui semblent prouver que Dieu veut
plûtôt nous faire voir ses Ouvrages
en nous découvrant ce qu'il y a en
lui qui les représente, qu'en créant
un nombre infini d'Idées dans chaque esprit.* Et aprés l'avoir donnée,
je conclus : *Qu'il n'y a donc pas
d'aparence que Dieu pour nous faire
voir ses Ouvrages produise autant
d'infinitez de nombres infinis d'Idées
qu'il y a d'esprits créés.* Cette raison pourroit donc être assés bonne
contre ceux avec qui je parle,
quand elle ne vaudroit rien, contre l'opinion de Monsieur Regis.
Voïons cependant comment il y
répond.

Il me passé que Dieu agit toûjours par les voïes les plus simples.
Il ne me conteste point, que faire
voir les corps par l'Idée de l'étenduë qui est en Dieu, ne soit plus
simple que de créer pour cela dans
chaque esprit un nombre infini
d'Idées. (Ces deux choses accor-
dées, cependant la preuve est de-
monstrative.) Mais il fait un discours qui en soi pourroit être bon,
& s'il étoit bon, mon sentiment

seroit faux. Mais qu'il soit bon ou mauvais ce discours, il ne répond pas plus à ma premiere raison qu'à aucune autre. Ainsi il semble que M. Regis ne devoit pas raporter cette raison, puisqu'il ne vouloit y répondre que par le discours que voici.

17. M. REGIS. *Nous répondons à cela, que si l'ame voit les corps en Dieu, ce ne peut être que parce que Dieu est uni à l'ame. Or nous demandons ce que c'est que cette union de Dieu avec l'ame; car il faut de necessité qu'elle ressemble ou à l'union de deux corps, ou à l'union de deux esprits, ou à l'union d'un corps & d'un esprit, n'étant pas possible de concevoir quelque autre genre d'union entre deux * substances unies. Or l'union de Dieu avec l'ame, ne peut ressembler à celle de deux corps, parce que deux corps sont unis par leur mutuel contact, & tout contact se fait à la superficie, laquelle ne convient ni à Dieu ni à l'ame. Elle ne ressemble pas non plus à l'union de deux esprits, parce que cette union consiste dans*

* Il devoit dire, entre deux créatures unies.

la mutuelle dépendance des pensées ou des volontez de ces esprits,
& il est certain, que les pensées
& les volontez de Dieu ne peuvent
dépendre des pensées ni des volontez de l'ame. Elle ne ressemble pas
enfin à l'union d'un corps & d'un
esprit par une semblable raison. Il
reste donc, que Dieu n'est point
uni à l'ame, * ou s'il y est uni,
que cette union ressemble à celle
qui se trouve entre la cause &
son effet, qui est telle que l'effet
dépend de la cause, mais la cause ne dépend pas de l'effet. C'est
pourquoi si Dieu est uni à l'ame,
ce n'est qu'entant qu'il l'a créée,
qu'il la conserve, & qu'il produit
en elle toutes ses Idées & toutes ses
sensations, en qualité de cause premiére, comme il a été dit ; ou entant
qu'il est la cause exemplaire de l'I-
dée que l'ame a de l'Etre parfait.

*Dans ce discours de M. Regis, on
ne voit rien contre les propositions
qui composent la raison qu'il a ra-
portée. Ainsi il faudroit ôter de
son Livre cette première raison, &
par consequent aussi ces paroles :

* Il faudroit ajoûter ces mots ; comme les créatures le sont entre elles.

* *Cum enim sapiens sit Deo conjunctus, ut nihil interpona- tur quod separet, Deus enim veritas est. Aug. de utilit. credent. ch. 15.*

Nous répondons à cela que, par lesquelles il commence son discours. Il ajoûte : *Si l'ame voit les corps en Dieu, ce ne peut être que parce que Dieu est uni à l'ame. Or nous demandons ce que c'est que cette union de Dieu avec l'ame.* Il auroit raison de demander ce que signifie ce mot *union*, si on ne l'avoit pas expliqué ; car c'est un des plus équivoques qu'il y ait. Mais à l'égard des especes d'union qu'il raporte, pour faire voir que Dieu n'est pas uni à l'ame comme les corps le sont entre eux, ni comme les esprits avec les esprits, ni enfin comme les esprits avec les corps. C'est un détail qui me paroît fort inutile, & qui pourroit encore être retranché de son Livre. Car je ne pense pas que personne puisse m'atribuër de croire que Dieu soit uni à nos esprits, comme les créatures le sont entre elles. Mais ce qu'il conclût de son détail est assurément tres-faux. Car Dieu est uni aux esprits bien plus étroitement qu'il ne l'est avec les corps. Il n'est pas seulement uni aux efprits en ce fens , *qu'il les crée & qu'il les conferve avec toutes leurs modifications*, comme les créatures corporelles , mais encore en ce fens qu'ils peuvent avoir avec lui une focieté particuliére , communion de penfées & de fentimens , connoître ce qu'il connoît, aimer ce qu'il aime. Tous les êtres créés dépendent de la *puiffance* du Créateur , efprits & corps. Mais il n'y a que les efprits qui puiffent être éclairez de. fa *fageffe* & animez de. fon amour. Je foûtiens donc, que cette raifon univerfelle, qui éclaire intérieurement tous les Hommes , & qui a pris une chair fenfible pour s'acommoder à leur foibleffe , & leur parler par leurs fens , eft la fageffe de Dieu même, en qui fe trouvent toutes les Idées & toutes les verités. Que par elle nous voïons une partie de ce que Dieu voit tres - clairement. Qu'ainfi par elle nous avons avec Dieu & entre nous , une efpéce de fociété , & que fans elle il eft impoffible que les efprits puiffent avoir mêmes entre eux le

moindre raport, former quelque
liaison, convenir de quelque verité que ce puisse être. Mais il n'est
pas nécessaire que je répéte ici ce
que j'ai dit ailleurs, pour prouver
qu'il n'y a que la réalité intelligible de la Souveraine raison, qui
puisse agir dans les esprits & leur
communiquer quelque intelligence de la verité. J'ai fait voir, que
le discours de Monsieur Regis, ne
répond point à la premiere raison
qu'il avoit proposée pour la réfuter. Cela me suffit. Voïons la seconde.

18. M. REGIS. *La seconde
raison de cet Auteur est que cette
maniére de voir les corps, met une
véritable dépendance entre l'ame &
Dieu, parce que de cette sorte l'a-
me ne peut rien voir que Dieu ne
veüille bien qu'elle le voie.*

REMARQUE. Je dis dans
l'endroit dont cette raison est tirée, que ma maniere d'expliquer
comment on voit les objets, met
les esprits dans une entiere dépendance de Dieu, & la plus grande
qui puisse être, ce que ne fait pas
l'opinion

l'opinion que je refute : *qui eft que l'efprit a en lui - même toutes les Idées néceffaires pour penfer à ce qu'il veut.* Ainfi je ne combats point l'opinion de Monfieur Regis, qui croit auffi-bien que moi, que c'eft Dieu qui forme en nous toutes nos penfées. Cependant il eft clair, que felon mon fentiment, la dépendance ou l'efprit eft de Dieu, eft plus grande que celle qui fuit de l'opinion même de Monfieur Regis. Car felon lui, l'efprit dépend uniquement de la *puiffance* de Dieu ; & felon le mien, il dépend non feulement de fa puiffance, mais encore de fa *fageffe*, puifque, felon mon fentiment, ce ne font point nos modifications, que nous connoiffons & qui nous éclairent, mais les Idées intelligibles qui ne fe trouvent que dans la Souveraine Raifon. Il eft donc clair, que j'ai eu raifon de dire, *que mon fentiment mettoit les efprits dans une entiére dépendance de Dieu, & la plus grande qui puiffe être.* Ce font mes termes. Cependant il a plû à Mon-

R

fieur Regis de le nier. Voici fa
Réponfe.

19. M. REGIS. *A quoi nous*
répondons que bien loin que cette
maniere de voir les corps en Dieu,
faſſe dépendre l'ame de Dieu, elle
fait au contraire que Dieu dépend
de l'ame par l'union qu'il a avec
elle ; Car il a été prouvé, que toute
union réelle & veritable, telle que
cét Auteur l'admet pour cela entre
Dieu & l'ame, ſuppose une dépen-
dance réelle & mutuelle entre les
parties unies.

REPONSE. Je demande à
Monfieur Regis, où il a été prouvé
que l'union que j'admets entre tous
les efprits raifonnables & la Souveraine Raifon, SUPOSE UNE
DEPENDANCE REELLE ET
MUTUELLE ENTRE LES PAR-
TIES UNIES. Il n'y a rien dans
mes Ecrits qui puiſſe faire , je ne
dis pas juger , mais feulement
foupçonner à une Perfonne équitable , que j'aïe jamais eu un fentiment fi extravagant & fi impie.
Du moins fuis-je bien aſſuré , que
cette penſée ne m'eſt jamais venuë

dans l'esprit. Mais, dira-t'il, est-ce que je ne viens pas de prouver, qu'il n'y a que trois espéces d'union, qui toutes mettent une dépendance réciproque entre les parties unies ? Mais quoi ? répondrai-je. De ce que vous supofez, que l'union qu'il a plû à Dieu de mettre entre fes créatures les rend réciproquement dépendantes, avez vous droit de conclure, que le Pere Malebranche & tout ce qu'il y a de Philofophes & de Théologiens, ne peuvent plus foûtenir, que les efprits font unis avec Dieu, qu'ils ne rendent le Créateur dépendant de fes créatures ? Cela ne fe comprend pas. Car enfin, il y a difference entre le Créateur & les créatures. Voïons donc la fuite.

Il faut ajoûter, continue - t'il, *que fi l'ame voïoit les corps en Dieu, à caufe qu'elle dépend de lui, elle y devroit voir par la même raifon les autres ames, & s'y voir elle-même; car autrement il faudroit dire, qu'elle feroit fa propre lumiére, finon à l'égard des corps, au moins à l'é-*

gard des efprits , ce qui repugne aux propres principes de cét Auteur.

REPONSE. Je penfe que le Lecteur aura de la peine à comprendre le fens de ce raifonnement de Monfieur Regis. Mais comme je croi fçavoir bien ce qu'il veut dire , je vas expliquer fa penfée. Il eft neceffaire pour cela de fçavoir 1° Que je diftingue entre connoître par *Idée claire* , & connoître par *fentiment interieur.* 2° Que je prétens qu'on connoît l'étenduë par une Idée claire , & qu'on ne connoît fon ame que par fentiment interieur. 3° Que ce qu'on connoît par Idée claire , on le voit en Dieu qui renferme ces Idées : Et qu'ainfi c'eft en Dieu qu'on voit l'Idée de l'étenduë , ou l'archetype de la matiére : Mais qu'on ne voit point en Dieu l'Idée de fon ame ou l'archetype des efprits.

Sur ces principes je dis , que Dieu eft nôtre lumiére en ce fens , que les Idées que nous voïons en lui font lumineufes. L'Idée , par

exemple, de l'étenduë eft fi claire,
fi intelligible, fi féconde en véritez, que les Géometres & les
Phyficiens tirent d'elle toute la
connoiffance qu'ils ont de la Géometrie & de la Phyfique. Je dis,
que l'ame n'eft point à elle-même
fa lumiére : parce qu'elle ne fe
connoît que par l'expérience du
fentiment interieur : qu'elle ne
peut en fe confidérant découvrir
les modifications dont elle eft capable ; & que bien loin de renfermer en elle les Idées de toutes
chofes, qu'elle ne contient pas
même l'Idée de fon être propre.
Voilà mes principes. Il n'eft pas
queftion maintenant de les prouver, mais d'y raporter le raifonnement de M. Regis.

Il faut ajoûter, dit - il *, que fi
l'ame voïoit les corps en Dieu à
caufe qu'elle dépend de lui, elle y
devroit voir par la même raifon
les autres ames, ou s'y voir elle-
même.*

Je répons, qu'elle devroit s'y
voir & les autres ames, fi effectivement elle fe voïoit. Mais elle ne

ſe connoit pas. Elle ſent ſeulement qu'elle.eſt , & il eſt évident
qu'elle ne peut ſe ſentir qu'en elle-même. Elle ſe voit & ſe connoit, ſi on le veut , mais unieque-
ment par ſentiment interieur : ſentiment confus qui ne lui découvre ni ce qu'elle eſt , ni quelle eſt
la nature d'aucune de ſes modalitez. Ce ſentiment ne lui découvre point qu'elle n'eſt point étenduë , encore moins que la couleur, que la blancheur, par exemple, qu'elle voit ſur ce papier,n'eſt
réellement qu'une modification de
ſa propre ſubſtance. Ce ſentiment
n'eſt donc que ténébres à ſon
égard, quelque attention qu'elle y
donne , il ne produit en elle aucune lumiere , aucune intelligence de la verité ; c'eſt donc que l'a-
me ne ſe voit pas : parce qu'effectivement l'idée ou l'archetype dé
l'ame ne lui eſt pas manifeſtée.
Dieu qui ne ſent ni douleur, ni
couleur, connoît clairement la nature de ces ſentimens. Il connoît
parfaitement comment l'ame, pour
les ſentir , doit être modifiée.

Aparemment nous le verrons auſſi quelque jour. Mais nous ne le verrons clairement , que lors qu'il plaira à Dieu de nous manifeſter dans ſa ſubſtance l'archetype des eſprits , l'Idée ſur laquelle l'ame a été formée : Idée lumineuſe & parfaitement intelligible , parce qu'il n'y a que les Idées divines qui puiſſent éclairer les intelligences. Juſqu'à ce tems-heureux, l'ame ſera toûjours in-intelligible à elle - même, Elle ne ſentira en elle que des modalitez ténébreuſes : Et quelques vives & ſenſibles que ſoient ces modalitez , elles ne la conduiront jamais à la connoiſſance claire de la verité , ſans le ſecours des Idées intelligibles. L'ame ne ſe voit donc pas. Mais elle voit l'étenduë. Elle en connoît la nature & les proprietez. En conſultant l'Idée de l'étenduë elle découvre ſans ceſſe de nouvelles véritez ; parce que cette Idée étant en Dieu, elle eſt tres-claire, tres-intelligible, tres-lumineuſe, bien differente des modifications confuſes & ténébreuſes de l'ame.

R iiij

Supofant donc que nous aïons une Idée claire du corps, & que nous n'en aïons point de l'ame, ou bien fupofant feulement qu'on me veuille combatre par mes propres principes, comme Monfieur Regis le prétend ici : Sa propofition paroît tout à fait femblable à celle - ci. *S'il étoit vrai que l'homme dépendît de Dieu pour remuër les bras, par la même raifon, il devroit en dépendre pour remuër les ailes.* Oüi fans doute, s'il en avoit, répondrois-je. Mais comme il n'en a point, il ne dépend point de Dieu à cét égard. De même fi l'ame fe voïoit ou fi elle connoiffoit clairement fa nature par la contemplation de fon Idée, ou de l'archetype fur lequel Dieu l'a formée : En cela elle dépendroit de Dieu, elle fe verroit en Dieu. Mais comme elle ne fe connoît que par fentiment intérieur, & qu'elle ne peut fe fentir qu'en elle-même, elle dépend bien de la *puiffance* de Dieu qui agit en elle. Mais à cét égard, elle ne dépend point de fa *fageffe.* Je veux dire, qu'elle n'eſt point éclairée par la réalité intelligible des Idées divines.

Je ne voi rien en cela *qui repugne à mes propres principes*, & je croi, que ceux qui ont du goût & de la pénétration pour les véritez Metaphyſiques, n'y trouveront rien que de conforme à la raiſon, pourvû qu'ils méditent ſérieuſement mes preuves, ce que Monſieur Regis n'a peut-être pas fait juſqu'ici. Le tems nous aprendra, ſi je me ſuis égaré. Mais je croi devoir dire, qu'il en faut beaucoup, avant qu'une opinion auſſi extraordinaire, auſſi contraire aux préjugez de l'imagination & des ſens, auſſi abſtraite & auſſi difficile que la mienne, puiſſe devenir la plus commune, je ne dis pas parmi les hommes, cela n'arrivera jamais, je dis parmi les Sçavans, & cette eſpéce de Sçavans, qui s'apliquent ſérieuſement à la Métaphyſique, & à la connoiſſance de l'homme.

20. M. REGIS. *La troiſiéme raiſon eſt la maniére dont l'ame*

aperçoit tous les corps : Car il prétend que tout le monde sçait par experience , que lors que vous voulons
penser à quelque corps , nous envi-
sageons d'abord tous les corps , &
nous nous apliquons ensuite à la consideration de celui que nous souhai-
tons de voir. Or, il est indubitable,
que nous ne sçaurions souhaiter de
voir un corps particulier, que nous
ne le voïons déja quoique confusément & en général. De sorte , que
pouvant désirer de voir tous les corps,
tantôt l'un & tantôt l'autre, il est
certain que tous les corps sont présens à nôtre ame : Et tous les corps
ne peuvent être présens à nôtre ame
que parce que Dieu y est présent,
c'est à dire , celui qui est tout Etre
ou l'Etre universel , qui comprend
toutes les creatures dans sa simplicité.

R E M A R Q U E. Monsieur
Regis auroit mieux fait , de raporter mes propres termes. Car
il n'a point abrégé le discours.
Mon raisonnement est général,
& n'a rien, ce me semble, de
choquant , & il le rend particu-

lier, & affurément un peu dif-
forme. On le peut pourtant réta-
blir en ôtant le mot de *corps* :
qu'il a repeté fept fois, & que je
n'avois pas mis une feule fois, &
en y fubftituant le mot *Etres.* Si
on ne fait pas cette fubftitution,
on aura peut - être raifon d'être
furpris de ce langage, par exemple. *Tous les corps ne peuvent être*
préfens à nôtre ame, que parce
que Dieu y eft préfent, c'eft à dire,
celui qui eft tout Etre ou l'Etre
univerfel. J'avois dit : *Il femble*
que tous les Etres ne puiffent être
préfens à nôtre efprit, que parce
que Dieu lui eft préfent, c'eft à
dire, celui qui renferme toutes cho-
fes dans la fimplicité de fon Etre.
Cette expreffion n'a rien de choquant, & ne peut faire naître cette
folle idée que M. Regis va bien-
tôt combatre pour me faire honneur, *que Dieu n'eft, ... l'Etre*
univerfel ou compofé des autres Etres
comme de fes parties, parce que tou-
tes fes parties font ou intégrantes
ou fubjectives, & le refte qu'on
verra plus bas.

M. REGIS. *Nous répondons à cette troisiéme raison en disant que les corps particuliers sont toûjours presens à l'ame en général & confusément ; mais que leur presence n'est autre chose que l'Idée même de l'étenduë, que Dieu a mise dans l'ame, en l'unissant au corps, & que les corps particuliers modifient ensuite diversement, suivant la diversité de leurs actions sur les organes des sens. De telle sorte, que si les corps particuliers sont toûjours présens à l'ame en général & confusément ; cela ne vient pas de ce qu'ils sont compris en Dieu, comme dans l'Estre universel, mais de ce qu'ils sont renfermez dans l'étenduë, dont l'Idée est toûjours presente à l'ame, comme il a été prouvé.*

REPONSE. Pour ne m'arrêter qu'à ce qui est essentiel à la décision de la question, je passe bien des réflexions, que ceux-là qui ont un peu de discernement, peuvent faire sur la maniére dont Monsieur Regis expose & combat mon sentiment, & je viens au fond. J'avouë, que tous les corps

font préfens à l'ame confufément
& en général , parce qu'ils font
renfermez dans l'Idée de l'étenduë. C'eft-là mon fentiment , &
cela a toûjours été. C'eft ainfi que
je l'ai expliqué dans la *Recherche*
de la vérité , & dans mes autres.
Ouvrages. Mais il n'y a pas là
grand miftére , car il n'eft pas, ce
me femble , poffible de concevoir
la chofe autrement. Ainfi la queftion fe réduit à fçavoir , fi cette
Idée de l'étenduë eft une modalité de l'ame. Je prétens que non ,
parce que cette Idée eft trop vafte,
qu'elle eft infinie comme je viens.
de le prouver , & que toutes les
modalités d'une fubftance finie ,
font néceffairement finies. C'eft
donc une néceffité que cette Idée
ne fe trouve qu'en Dieu , puifqu'il
n'y a que lui d'infini. Je prétens.
que l'Idée de l'Etre en général ,
ou de l'Etre infini , dans laquelle
nous voïons en général & confufément tous les Etres , comme
nous voïons tous les corps dans.
l'Idée de l'étenduë, je prétens dis-
je , que cette Idée de l'Etre infini

ne se peut trouver qu'en Dieu. C'est en cela que consiste toute la force de mon raisonnement, contre l'opinion de Monsieur Regis. Il ne le devoit pas dissimuler, s'il s'en est aperçû. Il devoit le raporter dans mes termes & y répondre. Enfin, il ne devoit pas oublier la seule chose du Chapitre qu'il Critique, qui soit directement contraire à son opinion, & qui suit immediatement cette troisiéme raison qu'il réfute, aprés laquelle je continuë ainsi.

* Recherche de la Verité, p. 201. de l'édition in-quarto en 1618.

21. *Il semble * mêmes que l'esprit ne seroit pas capable de se représenter des Idées universelles de genre, d'espece, &c. s'il ne voioit tous les Etres renfermez en un. Car toute créature étant un Etre particulier, on ne peut pas dire qu'on voïe quelque chose de créé, lors qu'on voit, par exemple, un triangle en général. Enfin, je ne croi pas qu'on puisse bien rendre raison de la maniére dont l'esprit connoît plusieurs veritez abstraites & générales, que par la présence de celui qui peut éclairer l'esprit en une infinité de façons differentes.*

Enfin, la preuve de l'existence de Dieu la plus belle, la plus relevée, la plus solide & la premiere, ou celle qui supose le moins de choses, c'est l'Idée que nous avons de l'Infini. Car il est constant, que l'esprit aperçoit l'Infini, quoi qu'il ne le comprenne pas ; & qu'il a une Idée tres-distincte de Dieu, qu'il ne peut avoir que par l'union qu'il a avec lui ; puisqu'on ne peut pas concevoir que l'Idée d'un Etre infiniment parfait, qui est celle que nous avons de Dieu, soit quelque chose de créé. Mais non seulement l'esprit a l'Idée de l'infini, il l'a même avant celle du fini, &c. Il n'est pas necessaire de transcrire le reste.

Il me semble que Monsieur Regis ne devoit pas laisser ceci sans Réponse, pour combatre des preuves qui n'attaquent point directement ses sentimens. Car encore un coup, dans tout le Chapitre, il n'y a que cét endroit qui regarde particuliérement l'opinion qu'il soûtient. Et je croi qu'il suffit pour en faire voir

la fauſſeté. Car enfin, il me paroît évident, que des Idées générales ne peuvent être des modifications particuliéres. Mais déve-
lopons cette raiſon, & voïons ce
que Monſieur Regis y pourroit répondre.

Toutes les modalitez d'un Etre
particulier, tel qu'eſt nôtre ame,
ſont néceſſairement particuliéres.
Or quand on penſe à un cercle en
général, l'Idée ou l'objet immédiat de l'ame, n'eſt rien de par-
culier. Donc l'Idée du cercle en
général n'eſt point une modalité
de l'ame.

Cét argument en forme, n'em-
barraſſeroit point un jeune Homme qui ſoûtient Théſe, & qui
ſçait ſe tirer d'affaire par un *diſtin-*
guo. Il répondroit hardiment : l'I-
dée du cercle en général, n'eſt rien
de particulier : *Diſtinguo. In répre-*
ſentando : concedo. In eſſendo : nego.
Cela termineroit la Diſpute, &
tout le monde ſortiroit content.
Mais ſi Monſieur Regis me répon-
doit ſerieuſement qu'une modalité
quoique particuliére de l'ame,

peut repréfenter une figure en général , de même qu'il foûtient * * To. 1.
qu'une Idée finie peut repréfenter p. 194.
l'Infini, ou une étenduë qui n'a
point de bornes : Jè lui répon-
drois, que je ne fuis pas fatisfait.
Car par ces mots l'Idée de cercle
en général , ou l'Idée de l'infini ,
je n'entens que ce que je voi ,
quand je penfe au cercle ou à l'infini. Or , ce que je voi actuellement eft général ou infini. Certainement l'Idée du cercle en général , ne me repréfente rien qu'elle-même. Car il eft évident , qu'il
n'y a point au monde de cercle
en général , & que Dieu même
n'en peut créer, quand mêmes il
pourroit créer une étenduë infinie.
Je raifonne donc ainfi. L'Idée du
cercle en général ne me repréfente que ce qu'elle renferme. Or ,
cette Idée ne renferme rien de général , puifque ce n'eft qu'une modalité particuliére de l'ame, Mon
Monfieur Regis. Donc l'Idée de
cercle en général ne me repréfente rien de général. Contradiction
vifible , & qui juftifie, ce me fem-

ble que j'aurois raison de n'être
pas content de la Réponse préce-
dente. Mais aparamment Monsieur
Regis en a de meilleures à me
faire.

21. Pour moi, je diſtingue mes
Idées de la pérception que j'en ai,
de la modification qu'elles produiſent en moi. Je croi que les modalitez de mon ame ou mes pérceptions ne me repréſentent qu'elles-mêmes : & cela par ſentiment
intérieur, parce que l'expérience
m'aprend, que l'ame ſent intérieurement tout ce qui ſe paſſe actuellement en elle. A l'égard de
mes Idées, je croi qu'elles ne me
repréſentent qu'elles directement,
que je ne voi directement & immédiatement, que ce qu'elles renferment. Mais ſi Dieu a créé quelque Etre qui réponde à mon Idée
comme à ſon archetype, je puis
dire, que mon Idée repréſente cét
Etre, & qu'en la voïant directement, je le voi indirectement.
Pour connoître les proprietez de
cét Etre, j'en conſulte l'Idée :
puiſque c'eſt l'archetype ſur lequel

Dieu l'a formée , & que Dieu ne me veut pas tromper. Mais je ne conclus rien fur l'éxiſtence actuelle de cét Etre : parce que Dieu ne fait pas néceſſairement ce que ſes Idées repréſentent , ou des Etres qui répondent à ſes Idées : Leur création eſt arbitraire. Voilà des ſentimens bien contraires à ceux de M. Regis. Car je l'avouë , il eſt rare que je ſois d'acord avec lui , principalement ſur la Metaphyſique & ſur la Morale. Mais je le prie que cét aveu , qui aparamment me fera grand tort dans ſon eſprit , ne me gâte pas dans ſon cœur. C'eſt l'amour de la verité qui m'oblige à faire cét aveu. Je ſerois pourtant fâché d'en venir à la preuve. Quoiqu'il en ſoit , je diſtingue M. Regis de ſes opinions. Il me doit rendre la même juſtice. Et puiſqu'il combat ſouvent mes opinions dans ſon Ouvrage , & quelquefois en me citant , il ne doit pas trouver mauvais , que je confirme le monde dans ce qu'il a bien voulu lui apreudre.

23. Monsieur Regis continuë ainsi. *Or il est bien plus aisé de concevoir, que les corps particuliers sont renfermez confusément dans l'étenduë, qu'il n'est aisé de concevoir qu'ils sont renfermez en Dieu, qui n'a nul raport avec eux.* (On a vû que ce n'est pas de cela dont il est question.) *En effet, si Dieu étoit tout Etre ou l'Etre universel* * com-me cét Auteur l'enseigne, il faudroit que tous les Etres fussent des parties integrantes, ou des parties subjecti-ves de Dieu, puisqu'il est impossible de trouver un autre genre de parties. Or, les Etres ne sont pas des par-ties integrantes de Dieu, parce que s'ils l'étoient, Dieu seroit composé des Etres, comme une montre est com-posée de rouës & de ressorts : ce qui repugne à la simplicité de la nature divine. Les Etres ne sont pas non plus des parties subjectives de Dieu ; parce que s'ils l'étoient, Dieu seroit une nature universelle, qui n'existe-roit que dans l'entendement de celui qui la concevroit ; ce qui repugne à l'Idée de Dieu, laquelle le repre-sente comme la chose du monde la*

Voïez la Réponse de l'article 20. * C'est une impieté que M. Regis attribuë au Pere Male-brâche. Dieu est l'Etre univer-sel, par-ce qu'il contient les per-fections de tous les Etres. Voïez le Texte de Saint Th. ci-dessous.

plus singuliére & la plus déterminée.
Il reste donc, que Dieu n'est tout
Etre ou l'Etre universel, qu'en ce
qu'il est la cause efficiente, mediate
ou immediate de tous les Etres.

PLAINTE. Je ne répons point
à ce discours de Monsieur Regis,
je m'en plains, & je voudrois bien
ne m'en plaindre qu'à lui-même :
mais cela est trop public. De bonne foi, Monsieur, avez-vous prétendu combatre mon sentiment,
lors que vous avez prouvé, que
Dieu n'est pas l'Etre universel, parce que tous les Etres ne sont pas
des parties intégrantes ou subjecti-
ves de la Divinité. Prenez garde,
je vous prie : le monde en conclu-
roit, que vous n'entendez pas ce
que vous lisez. Car je défie * le
plus habile & le plus mal inten-
tionné Critique, de me faire seulement soupçonner par ceux qui
ont lû mes Livres, d'avoir avancé
cette impieté, *que Dieu est l'Etre*
universel en ce sens, que tous les
Etres créez sont ses parties inte-
grantes. Assurément vous n'en
croïez rien vous-même, si vous

* C'est
dans le
ch. 5. du
3. Livre
que je
dis que
Dieu est
l'Etre
univer-
sel. Je
prie le
Lecteur
de le
consul-
ter.

avez formé sur la lecture de mon
Traité des Idées, le jugement que
vous avez de mon sentiment.
Comment donc cela s'est-il pû
glisser dans vôtre Ouvrage ? Est-
ce par la faute du Libraire ou de
quelque Correcteur demi-ivre,
ou par la malignité de quelque
ennemi caché, ou qu'enfin vous
avez composé vous même vôtre
réponse sur quelques memoires
estropiez de la *Recherche de la Verité.* Encore dans cette supofition,
l'équité si necessaire aux Critiques, vouloit-elle que vous con-
sultassiez l'Ouvrage même. Je me
plains donc Monsieur, de cét endroit de vôtre Livre. Mais je n'y
répons point, par cette unique raison, que je ne croi pas qu'il y
ait de Lecteur assez stupide, pour
m'attribuër l'impieté que vous
combattez soûs mon nom.

Le Pere Malebranche
soûtient avec S. Augustin,
Saint Thomas, & tout ce

qu'il y a jamais eu de Philosophes raisonnables, que
Dieu voit l'essence des
créatures dans les Idées,
par la connoissance des-
quelles il les a vûës de toute éternité. Voici comme
s'explique Saint Thomas,
sur ce Chapitre : *undè plu-*
res Idea sunt in mente divi-
nâ ut intellecta ab ipsa quod
hoc modo potest videri : ipse
enim essentiam suam perfectè
cognoscit, undè cognoscit eam
secundum omnem modum
quo cognoscibilis est ; POTEST AUTEM COGNOSCI NON SOLUM SECUNDUM QUOD IN SE EST PARTICIPABILIS SE-

CUNDUM ALIQUEM MODUM SIMILITUDI-NIS A CREATURIS; UNA QUÆQUE AUTEM CREATURA HABET PROPRIAM SPECIEM SECUNDUM QUOD ALI-QUO MODO PARTICI-PAT DIVINÆ ESSEN-TIÆ SIMILITUDINEM.

Voïez la Metaph. de M. Regis p. 91.

Remarquez ces paroles de S. Thomas, & pronon-cez sur le raisonnement de Monsieur Regis, qui dit dans ses Repliques, qu'on devroit voir Dieu en lui-même, si on aper-cevoit dans son essence, ce qui est participable par les creatures corporelles,

sic

fic igitur in quantum Deus cognofcit fuam effentiam, poursuit Saint Thomas, ut fic imitabilem à tali creatura cognofcit eam ut propriam rationem & ideam hujus creaturæ ; & fic patet quod Deus intelligit plures rationes proprias plurium rerum quæ funt plures Ideæ.

Prima Prima q. 15. art. 2.

Cela fupofé, il eft évident qu'il y a cette difference entre l'Etre infiniment parfait, & les créatures ; que l'Etre infiniment parfait, renferme dans fon effence *eminenter,* toutes les perfections des créatures. COGNOSCIT EAM UT PROPRIAM

S

RATIONEM , ET IDEAM
HUJUS CREATURÆ ,
& que les créatures ne
contiennent pas les per-
fections les unes des au-
tres ; cela n'a pas befoin
d'autres preuves. Donc le
Pere Malebranche a rai-
fon d'affurer que Dieu eft
l'Etre général , l'Etre univerfel , enfin , l'Etre tout
court ; non que les créa-
tures foient de *parties inte-*
grantes , & fubjectives de
fon effence , c'eft - là , un
fentiment impie , que M.
Regis eft bien aife de
combatre , aparemment
pour remplir le vuide de
fa Metaphyfique , & faire

valoir la *fecondité* de fes
principes. Dieu eft l'Etre
univerfel, parce que fon
effence eft participable par
les créatures. Si Monfieur
Regis fût venu du tems
de Saint Auguftin, & qu'il
lui eût propofé l'objection
qu'il fait au Pere Male-
branche, peut - être qu'il
l'eût traité de ftupide, lui
qui prétend que les figures
que les Géometres con-
templent, habitent dans
la verité ou dans le Verbe.
Talefne in corporibus figuræ
inveniuntur quales illa difci-
plina demonftrat ? immò in-
credibile eft quantò deteriores
convincuntur. Quis enim

mente tam cæcus est qui non
videat istas figuras quæ in
Géometrica docentur habitare
in ipsa veritate, aut in his
etiam veritas. Solil. Liv. 2.
Chapitre 8. sur la fin.

M. RÉGIS. *La quatriéme &*
derniere raison est, qu'il ne se peut
faire que Dieu ait d'autre fin prin-
cipale de ses actions que lui-mêmes
d'où il s'enfuit, que Dieu ne peut
faire une ame pour connoître ses
Ouvrages, que cette ame ne voïe
en quelque façon Dieu : De sorte,
qu'on peut dire, que si nous ne vo-
ïons Dieu en quelque façon, nous
ne verrions aucune chose ; parce que
toutes les Idées des créatures, ne
sont que des limitations de l'Idée du
Créateur.

REMARQUE. Il ne faut pas
s'imaginer, que cette raison soit
exposée ici comme elle l'est dans
la *Recherche de la Verité*, non plus
que les précedentes. Elle contient

environ deux pages de mon Livre, & Monfieur Regis la reduit à fept ou huit lignes. Voici comme on pourroit l'abreger pour lui laiſſer quelque force.

Puiſque Dieu n'a fait les eſprits que pour lui, & qu'ils ne peuvent avoir de ſocieté avec lui , qu'ils ne penfent comme lui, il doit leur faire quelque part de ſes propres Idées, des archetypes qu'il renfer-me de ſes créatures , & ſur lef-quels il les a formées. Il doit éclairer les eſprits de ſa ſageſſe ou de cette Souveraine Raiſon, qui ſeule peut nous rendre ſages, raiſonnables, ſemblables à lui. Si Dieu éclaire nos eſprits & nous découvre ſes créatures par les mê-mes Idées qu'il en a , il eſt évi-dent , que nous ſommes infini-ment plus unis à lui qu'à ſes créa-tures , que nous ſommes unis à lui directement , & aux créatures in-directement & par lui. Ainſi il ſera vrai en toute rigueur , que nous n'aurons été créez que pour lui, quoique nous voïons ſes créa-tures : parce que nous ne les votions qu'en lui, que par lui, que comme lui, je veux dire, que dans les mêmes Idées que lui.

De sorte, que nous penserons comme lui. Nous aurons par les mêmes Idées quelque societé avec lui. Nous aurons été *créés à son image & à sa ressemblance*, par cette union particuliere avec la Sagesse & la Raison divine. C'est ainsi que Saint Augustin explique ce passage de la Genese, comme on le peut voir dans la premiére page de la Preface de mon Livre. * Mais si nous voïons les créatures dans nos propres modalitez, en cela nous dépendrons bien de la puissance de Dieu comme les corps, comme le feu, par exemple, en dépend pour brûler. Mais nous ne serons point unis à la sagesse. On pourroit dire du moins en partie, que Dieu a fait les esprits pour connoître les créatures. On ne verroit plus si précisément comment tous les esprits peuvent avoir entre-eux & avec Dieu une societé veritable, communion de pensées par une Raison & une Verité,

* Recherche de la Verité.

commune & souveraine. Je ne
pourrois plus être assuré, que tous
les esprits voïent la même verité
que je voi , quand je découvre ,
par exemple , les proprietez du
cercle : car sans le secours d'une
révélation particuliére , je ne puis
découvrir quelles font les modalitez des autres esprits. Ainsi toutes les sciences , toutes les veritez
de Morale n'auroient plus de fondement certain. On ne pourroit
plus rien démontrer : Car il est
impossible de démontrer que les
esprits , ont ou n'ont pas certaines modalités : puisqu'elles seroient arbitraires ces modalités &
dépendantes de la volonté de Dieu,
& que toute démonstration dépend d'un principe necessaire. Cela suffit, car j'étendrois ma raison,
& je veux ici l'abreger. Ecoutons
M. Regis.

Nous répondons , que pour que
Dieu agisse principalement pour lui-
même , il n'est pas necessaire que
nous voïons les corps en Dieu, &
qu'il suffit que nous les voïions dans
nos Idées, ou par nos Idées , pourvû

Il faut lire la Recherche de la Verité, pour sçavoir ma pensée. On ne la trouvera pas dans c discou de M. Regis.

qu'en les voïant ainsi, nous soïons disposez à loüer Dieu, qui les a produits & qui les conserve. Et quant à ce qu'il ajoûte que toutes les Idées des Ouvrages de Dieu sont inseparables de son Idée, nous en demeurons d'accord, mais nous ne croïons pas pour cela, que les Idées des corps particuliers soient des limitations de l'Idée de Dieu; nous concevons au contraire, que cela ne peut être, à cause que les corps particuliers n'ont aucun raport, ni materiel, ni formel avec l'Idée de Dieu, mais ils en ont seulement avec l'Idée de l'étenduë; car on peut bien dire, que le triangle & le quarré sont des limitations de l'étenduë, mais on ne peut pas dire de même, que l'étenduë soit une limitation de l'Etre qui pense parfaitement: D'où il s'ensuit, que si nous voïons les corps en Dieu, ce n'est pas parce que leurs Idées sont des limitations de l'Idée de Dieu; mais parce que Dieu a produit dans l'ame l'Idée de l'étenduë, laquelle est ensuite diversement modifiée par les corps particuliers, qui agissent diverfement fur les organes , comme il a été dit.

Il refte donc , que nous ne voïons point les corps en Dieu , comme le prétend cét Auteur , mais que nous les voïons par des Idées qui font en nous , & qui dépendent des corps qu'elles repréfentent , comme de leur caufe exemplaire : de l'ame qui les reçoit , comme de leur caufe materielle : de Dieu qui les produit , comme de leur caufe efficiente ; & de l'action des corps particuliers , comme de leur caufe efficiente feconde , ainfi qu'il a été dit.

REPONSE. Voilà mes raifons auffi folidement refutées qu'elles ont été nettement expofées. En verité , je trouve une fi grande confufion dans tout ce difcours , que je ne puis me refoudre à en faire le Commentaire. Je prie feulement les Lecteurs , qu'ils ne fe rendent qu'à l'évidence. S'ils m'accordent cette juftice , je les défie de comprendre mes raifons dans ce Chapitre de Monfieur Regis , & je ne crains point par confequent qu'ils les y trouvent folidement refutées. S v

Ainsi, nonobstant la réfutation que je viens de transcrire, je croi, que des quatre choses que Monsieur Regis en conclut, les trois premiéres sont fausses, & qu'il n'y a que la quatriéme qui soit veritable en l'interprétant équitablement comme on le doit. Je croi donc

1° Que nous voïons les Ouvrages de Dieu dans leurs Idées ou leurs archetypes qui ne se trouvent qu'en Dieu, & qu'ainsi *ces Idées ne dépendent point des Etres créés comme de leur cause exemplaire*, puisqu'elles sont au contraire *les exemplaires* des Etres créés. Car pour le dire en passant, afin que le dessein, que Dieu a pris librement de faire le monde, soit sage & éclairé, il faut que Dieu ait connu ce qu'il a voulu * , & qu'ainsi le modéle du monde, & d'une infinité de mondes possibles soit préalable à la volonté ou au decret de la création. Je ne puis encore me défaire d'un préjugé si grossier.

2° Je croi, que *les Idées ne dé-*

* Voïez le 10. t. pag. 91. du Sys-téme de M. Re-gis.

pendent point de l'ame, comme de leur cauſe materielle, ou pour parler plus clairement, qu'elles ne ſont point des modalitez de l'ame. Je croi l'avoir démontré.

3. Je ne puis me perſuader que les Idées dépendent de Dieu, *comme de leur cauſe efficiente.* Car étant éternelles, immuables, neceſſaires, elles n'ont pas beſoin de cauſe efficiente : quoique j'avouë que la pérception que j'ai de ces Idées dépende de Dieu, comme de ſa cauſe efficiente. Je ſuis encore dans cette érreur de croire, que les veritez Géometriques & Numeriques, comme que deux fois deux ſont quatre, ſont éternelles, indépendantes, préalables aux decrets libres de Dieu. Et je ne puis m'accommoder de la définition des veritez éternelles que donne Monſieur Regis, lors qu'il dit, *qu'elles conſiſtent dans les ſub-* P. 179. *ſtances que Dieu a créées, entant que l'ame conſidere ces ſubſtances d'une certaine maniere, & qu'elle les compare ſuivant les différens raports qu'elles ont les unes avec les*

S vj

les autres. J'en sçai une plus courte, & qui me paroît plus juste. Je les definis, *les raports qui sont entre les Idées.* Il y a un raport d'égalité, entre deux fois deux & quatre, soit que j'y pense ou que je n'y pense pas. Car il n'est pas nécessaire que ce raport d'égalité soit aperçû, afin qu'il soit.

Me voilà encore bien éloigné des sentimens de Monsieur Regis. Mais si on veut sçavoir toutes les raisons que j'en ai, on les trouvera dans la *Recherche de la Verité & les éclaircissemens,* dans la *Réponse* au Livre de M. A. *Des vraies & fausses Idées.* Peut-être sont elles encore mieux deduites, *dans les premiers Entretiens sur la Metaphysique & sur la Religion.* Car naturellement on doit croire, que les derniers Ouvrages d'un Auteur, sont moins mauvais que les premiers. Ainsi, Monsieur Regis auroit peut-être mieux fait de combatre les raisons qu'il auroit trouvées dans mes derniers Livres, directement contraires à son sentiment, que j'y ai réfuté fort au long, que d'attaquer un Livre fait il y a vingt ans , & dans lequel je n'opose presque rien aux raisons qu'il pourroit avoir , pour soûtenir son opinion. Cette conduite fait naître dans l'esprit des pensées qui ne lui sont pas avantageuses. Pour moi je ne les ai pas ces pensées. Et je veux croire , que ces derniers Livres dont je parle , ne lui sont pas tombez dans les mains , ou qu'il n'a pas eu la curiosité de les lire , de quoi j'aurois peut - être grand tort de le blâmer. Au reste , il ne faut pas toûjours contredire les sentimens des autres. Ainsi, je suis prêt à souscrire à cette proposition, *que les Idées dépendent de l'action des corps particuliers, sur les organes des sens , comme de leur cause efficiente seconde.* Pourvû que par *les Idées* on entende *leur presence actuelle* à l'esprit, ou la *perception* que nous en avons. Si Monsieur Regis l'entend autrement , je lui declare que je suis bien fâché de ne trouver rien dans ses sentimens qui soit de mon goût.

III. DISSERTATION.

Que le plaisir rend heureux, & la douleur malheureux, contre les Stoïciens. Iustification de quelques prétenduës contradictions.

JE pensois avoir fini cette petite Réponse aux objections de M. Regis : Mais j'ai encore rencontré dans son Livre l'endroit qui suit, où il m'accuse *d'être tombé dans des contradictions manifestes* ; & cela en citant en marge la *Recherche de la Verité*. Cét endroit est donc encore un de ceux qui demandent Réponse, selon la résolution que j'ai crû devoir prendre, de ne répondre à cét Auteur, que lors qu'il m'interroge. Car de répondre à tout ce qu'il avance contre mes

fentimens, je n'en ai pas le loifir,
& je ne croi pas qu'il le fouhaite.
Mais , fi je me taifois, lors qu'il
m'adreffe la parole, il auroit droit
de fe plaindre de cette efpece de
mépris , ou plûtôt il pourroit croire , & quelques autres auffi - bien
que lui , que je ne pourrois pas
lui donner fatisfaction , & que je
conviens de m'être trompé. Ce ne
feroit pas , il eft vrai , un grand
malheur pour moi , qu'on le crût.
Mais j'aime encore mieux qu'on
n'en croïe rien , fur tout , fi mes
fentimens font véritables. Que fi
néanmoins je reconnoiffois qu'ils
font faux , il me femble que j'ai-
merois mieux alors avouër ma
faute. Je n'ofe pas pourtant l'affurer dans l'apréhenfion où je fuis,
que Dieu pour punir ma confiance, ne m'abandonnât aux infpira-
tions fecrettes, & aux mouvemens
de ma vanité. Mais venons au fait.
Voici le texte de M. Regis.

Il y a donc cette différence entre Tom. 2.
les plaifirs des fens & la fatisfaction p. 241.
intérieure , que celle - ci eft un bien
abfolu , étant impoffible de trouver

un seul cas, où il ne soit pas avantageux de la posseder ; au lieu que
les plaisirs des sens ne sont des biens
qu'entant qu'ils se raportent à la
satisfaction interieure de l'ame ; car
s'ils ne s'y raportent pas, ou s'ils y
sont contraires, tant s'en faut,
que les plaisirs des sens soient des
biens, ils sont au contraire de vrais
maux ; ce qu'il faut bien remarquer
pour s'empêcher de tomber dans l'erreur, où sont ceux qui confondent
la satisfaction interieure de l'ame
avec les plaisirs des sens. * Car c'est
une confusion qui les fait tomber
dans DE MANIFESTES CON-
TRADICTIONS lors qu'ils di-
sent, Que le plaisir est toûjours
un bien, mais qu'il n'est pas toûjours avantageux d'en joüir : Que
le plaisir nous rend toûjours actuellement heureux, mais qu'il y
a presque toûjours des remords
fâcheux qui l'acompagnent, &c.
Car il est visible, que par le plaisir
qui nous rend toûjours actuellement
heureux, ils ne peuvent entendre
que la satisfaction interieure de l'a-
me, ni par le plaisir qui est pres-

que toûjours accompagné de remords, que le plaifir des fens. Or,
il eft certain, que les plaifirs des
fens ne different pas moins de la
fatisfaction interieure de l'ame, que
les moïens different de la fin.

EXPOSITION DU FAIT.
Monfieur Regis m'acufe dans ce
difcours, 1° D'être tombé dans
cette erreur de confondre la fatisfaction interieure de l'ame avec
les plaifirs des fens. 2° Il foûtient
que cette confufion m'a fait tomber dans de manifeftes contradictions, parce que dans le Chapitre qu'il cite, j'ai dit : *Que le
plaifir eft un bien, mais qu'il n'eft
pas toûjours avantageux d'en joüir :
Qu'il nous rend toûjours actuellement heureux, mais qu'il y a
prefque toûjours des remords qui l'a-
compagnent.* 3° Et la preuve qu'il
donne que je confonds le plaifir
avec la fatisfaction intérieure de
l'ame, *C'eft*, dit-il, *qu'il eft vifible
que par le plaifir qui nous rend toûjours actuellement heureux, ils ne
peuvent entendre que la fatisfaction
intérieure.*

Reponse. Si je croïois que
le Lecteur voulût bien prendre la
peine de chercher le Chapitre de
la *Recherche de la Verité*, que cite
Monfieur Regis, & de l'examiner, mon unique Réponfe, feroit
de le prier de lire tout ce Chapitre, & de prononcer fur ces *contradictions manifeftes*. Car quelques *manifeftes* qu'elles paroiffent
à Monfieur Regis, je ne croi pas
qu'il pût les découvrir. Mais comme le Lecteur n'en voudra peut-
être rien faire, & que le Chapitre
eft un peu long, il faut que je
donne ici une réponfe plus pré-
cife.

Mon deffein dans le Chapitre
cité, eft de réfuter l'opinion des
Stoïciens, qui prétendent que la
douleur n'eft point un mal, ni le
plaifir un bien. Je prétens donc,
que la douleur nous rend actuellement malheureux, & que le plaifir nous rend heureux : je ne dis
pas heureux & contens : je ne dis
pas heureux entant que le bonheur
renferme la perfection. Je diftingue ces deux chofes, parce qu'el-

les sont réellement distinctes. Car
l'esprit n'est parfait, que par la
connoissance & l'amour du vrai
bien : Et il n'est heureux d'un
bonheur solide, que par la joüis-
sance de ce bien, laquelle consiste
dans les modifications agréables
des plaisirs qu'il produit dans l'a-
me, & par lesquels il se fait goû-
ter à elle. Je prétens seulement
contre les Stoïciens, *que les plai-*
sirs des sens sont capables de nous
rendre * EN QUELQUE MA- *P. 167.
NIERE HEUREUX. Cét en
quelque maniére, marque nettement ce que je pense. Mais quand
même je n'aurois pas mis cette
restriction dans ce Chapitre, il
est visible, qu'il faudroit toûjours
la soûs-entendre. Car j'y prouve
en plusieurs maniéres qu'il faut
fuïr les plaisirs : & je ne croi pas
qu'on puisse m'attribuër le dessein
de prouver qu'il faut fuïr ce qui
nous peut rendre solidement heureux. Cela suposé,

Je répons 1° que je n'ai pas
confondu la *satisfaction interieure* P. 168.
avec les plaisirs des sens. Je l'en

ai toûjours diftinguée, lors qu'il a
été néceffaire : & jé fais même
cette diftinction fi difficile à découvrir, vers la fin du Chapitre
que cite Monfieur Regis. Il eft
vrai que j'y appelle joïe, ce qu'il
nomme fatisfaction. Mais je ne
croi pas qu'il prétende que je fois
obligé à parler comme lui. Le mot
de joïe me paroît meilleur, à caufe de celui de trifteffe qui lui eft
oppofé. Néanmoins je changerai
joïe en fatisfaction & trifteffe, en
chagrin, fi on le fouhaite.

Je répons en fecond lieu, que
je ne trouve point de *contradiction
manifefte* dans cette propofition :
*le plaifir eft un bien, mais il n'eft
pas toûjours avantageux d'en joüir.*
Si j'avois dit, le plaifir eft le *fouverain bien*, ou le *vrai bien*, ou
même fi j'avois dit, le plaifir eft *le
bien*, mais il n'eft pas toûjours avantageux d'en joüir, j'avouë qu'il y
auroit une *contradiction manifefte*.
Mais elle feroit fi manifefte cette
contradiction, que tout Lecteur
jugeroit d'abord, que ce feroit
une faute de l'Imprimeur, qui

auroit mis fans reflexion *le bien*
pour *un bien.* Affurément, il ne
lui viendroit jamais dans l'efprit, que j'aurois voulu dire,
qu'il n'eſt pas toûjours avanta-
geux de joüir du bien, ou du Sou-
verain bien. Où eſt donc la *con-*
tradiction manifeſte ? Si un bien
tel qu'on voudra, n'eſt pas le
fouverain bien, il eſt viſible,
qu'il ne fera pas avantageux
d'en joüir, ſi on nê peut en
joüir fans perdre le fouverain
bien, ou même fans fe priver
de quelque autre bien plus con-
fiderable. Un poulet eſt un petit bien : le plaiſir de le manger quand on a faim, nous rend
en quelque maniére heureux. Cependant en Carême il n'eſt pas
avantageux de joüir de ce poulet ou du plaiſir que l'on trouve
en le mangeant. Eſt - ce qu'alors,
ce poulet change de nature, &
qu'en Carême, il n'a plus le même goût ? Non fans doute. Ce poulet ou le plaiſir que l'on trouve en
le mangeant, eſt donc un bien

dont il n'est pas avantageux de joüir : parce qu'il n'est pas avantageux de perdre un grand bien, pour un moins considerable. M. Regis a donc mal prouvé que je suis tombé dans de *manifestes contradictions.* Il faut déja qu'il change le pluriel en singulier, *de manifestes contradictions* en *une contradiction manifeste.* Voïons pourtant, s'il ne feroit point mieux de tout effacer.

Voici la proposition qui reste : *Le plaisir nous rend toûjours actuellement heureux : mais il y a presque toûjours des remords fâcheux qui l'accompagnent.* Si j'avois écrit, le plaisir nous rend toûjours solidement heureux, ou simplement bien-heureux, au lieu d'actuellement heureux, on auroit raison d'y trouver une *contradiction manifeste :* par ce qu'on ne peut etre solidement ou parfaitement heureux, & souffrir quelque misere ou quelques *remords fâcheux.* Mais je suis dans ce préjugé, que les hommes sont inégalement heureux ; & que personne n'est tel-

lement heureux, qu'il n'ait quelque endroit qui l'afflige & qui le
rende malheureux. Je regarde ce
Sage des Stoïciens, dont la goûte
& les douleurs les plus aiguës ne
troublent point la felicité, comme
un Homme rare & d'une espece
particuliére, pour lequel assurément je n'ai jamais composé de
Livres. Car je sçai qu'il y eût
trouvé mille *contradictions manifestes.* J'ai écrit pour des Hommes
qui me ressemblent. Et comme le
plaisir me rend heureux, & la
douleur malheureux, j'ai crû sur
ce principe, qu'il vaut mieux être
malheureux en ce monde, que de
l'être éternellement dans l'autre;
j'ai crû dis-je, pouvoir soûtenir,
que quoique les plaisirs des sens
nous rendent actuellement heureux, il les falloit fuïr, à cause
des remords facheux qui les accompagnent, qu'ils sont injustes,
qu'ils nous attachent aux objets
sensibles, qu'ils nous separent de
Dieu, & pour plusieurs autres
raisons qu'on trouvera dans mes
Livres, & dans le Chapitre con-

tre les Stoïciens, où l'on a rencontré des contradictions manifestes.

Comme les contradictions prétenduës, où je suis tombé, dépendent, selon Monsieur Regis, de ce que j'ai confondu les plaisirs des sens avec la satisfaction intérieure, il faut examiner la preuve qu'il en donne. Car il a bien vû qu'on ne croiroit pas sur sa parole, que je fusse capable de confondre deux choses, que je ne croi pas que jamais personne ait confonduës. Voici donc sa preuve.

L'Auteur de la *Recherche de la Verité*, a dit : *Que le plaisir nous rend actuellement heureux, mais qu'il y a presque toûjours des remords facheux qui l'accompagnent.* Donc il confond les plaisirs des sens avec la satisfaction interieure. La preuve en est claire. *Car il est visible, que par le plaisir qui nous rend toûjours actuellement heureux, cét Auteur ne peut entendre que la satisfaction interieure, ni par le plaisir qui est toûjours accompagné de remords*

remords que le plaisir des sens. Donc,

REPONSE. Il semble, que tout autre que M. Regis raisonneroit ainsi. L'Auteur de la *Recherche de la Verité*, a dit : *Que le plaisir nous rend toûjours actuellement heureux, mais qu'il y a presque toûjours des remords fâcheux qui l'accompagnent.* Or les remords fâcheux n'accompagnent point la satisfaction interiéure. Donc cét Auteur distingue les plaisirs dont il parle, de la satisfaction intérieure. Conclusion directement opposée à la sienne. Comment donc est - il visible, que par le plaisir qui nous rend toûjours actuellement heureux, on *n'a pû entendre,* que la satisfaction interieure. On l'a entendu autrement. Cela est visible. D'accord, dira peut - être maintenant M. Regis. On l'a *pû,* mais on ne l'a pas *dû.* Car le plaisir ni la douleur ne rendent ni heureux ni malheureux. Hé bien je le veux. Je me suis trompé en cela, j'étois dans le préjugé commun : les Stoïciens ont raison. Mais dans le Chapitre que vous avez

T

cité , je combats actuellement l'o-
pinion de ces Philosophes. Vous
n'aviez donc pas sujet de croire
que je fusse de leur sentiment.
Comment donc me l'attribuez
vous , en disant : *Que par les plai-*
sirs qui rendent heureux , je ne puis
entendre que la satisfaction interieu-
re , pour conclure de là , que je
confondois ce qu'assurément personne ne confondit jamais , & que
cette *confusion* étoit l'origine des
contradictions manifestes où j'é-
tois tombé. Aparamment vous n'a-
vez pas bien expliqué vôtre pensée. Car je ne croi pas qu'on puisse rien comprendre dans l'exposition que vous en faites.

Cependant , Monsieur, je croi
que vous avez raison de penser,
que c'est la satisfaction interieure
qui nous rend veritablement heureux , autant que nous le pouvons
être en cette vie : pourvû que par
là , vous entendiez , comme je le
croi , le plaisir interieur dont Dieu
nous recompense quand nous faisons nôtre devoir, & qui est comme
le gage ou l'avant-goût des biens

que nous efperons par J B S U S-
CHRIST. Car, fi un Homme de
bien fe trouvoit fans cette douceur
interieure , qui accompagne ordinairement la bonne confcience ,
comme affurément cela arrive quelquefois , puifque de grands Saints
fe font plains fouvent de fouffrir
des fechéreffes éffroïables. Si, dis-
je, un Homme étoit privé de cette
douceur , ou de ce fentiment interieur, pour quelque-tems, où Dieu
l'éprouve & le purifie, alors je croirois parler le langage ordinaire, en
difant que cét Homme n'eft plus
heureux, mais qu'il eft encore jufte,
vertueux, parfait. C'eft qu'ordinairement on appelle heureux , ceux
qui jouïffent de quelque bien , &
qu'on ne joüit du bien, ou qu'on ne
le goûte , que par les fentimens
agréables. Si je demandois à cét
Homme de bien , dont je viens de
parler , s'il eft actuellement heureux , il me répondroit aparemment, Hé comment pourrois - je
être heureux , ne fentant plus en
moi cette douceur que je fentois autrefois ? Quoi, lui dirois-je , fentez

vous quelque reproche interieur ?
Eſt-ce le repentir qui vous afflige ?
Helas nenni, répor droit-il. Mais
je ne goûte plus combien le Seigneur eſt doux.

C'eſt donc le ſentiment agréable ou le goût du bien qui rend
formellement heureux. Or, tout
plaiſir eſt agréable. Donc tout
plaiſir actuel rend actuellement
heureux, ſelon le langage ordinaire. Mais comme il y a de grands
& de petits plaiſirs, comme il y en
a de juſtes & d'injuſtes, de paſſa-
gers & de durables, & qu'il arrive
ſouvent qu'un petit plaiſir nous
prive d'un grand ; quoique tout
plaiſir nous rende heureux à ſa
maniére, il eſt évident qu'il n'eſt
pas toûjours avantageux d'en joüir.
Tels ſont les plaiſirs des ſens. Il
faut les éviter avec horreur & avec
une vigilance particuliére, pour les
raiſons que j'ai dites dans le Chapitre qui eſt le ſujet de ce diſcours,
& ſouvent ailleurs.

Vous m'avez interrogé, Monſieur, & je vous ai répondu le
mieux que j'ai pû. Je ne ſçai pas

si vous êtes satisfait. Il est vrai,
que je vous ai fait attendre long-
tems, pour bien peu de chose.
Mais je n'ai pas crû en cela vous
désobliger. Si vous me faites encore l'honneur de m'interroger,
je suis presentement dans le dessein de tout quitter pour vous
contenter promtement. Et en ce
cas, je vous demanderai avec
tout le respect qui vous est dû,
l'éclaircissement de plusieurs dif-
ficultez qui m'embarrassent étrangement dans vôtre *Metaphysique*
& dans vôtre *Morale*. Ce n'est
pas que je me plaise à parler devant tant de monde qui nous
écoute, & qui peut-être se diver-
tit à nos dépens. Mais c'est que
quand on m'y force, je tâche de
me tirer d'affaire le plus promtement que je puis, & de ne pas dé-
fraïer seul la Compagnie. Croïez-
moi, Monsieur, vivons en paix.
Emploïons nôtre tems à critiquer en toute rigueur nos propres
opinions. Ne nous y rendons que
lors que l'évidence nous y oblige.
Ne nommons jamais dans nos Ou-

vrages ceux dont nous condamnons les fentimens. On s'attire par là presque toûjours des réponfes un peu fàcheufes. J'ai tâché qu'il n'y eût rien dans la mienne qui vous pût fàcher, & j'efpere d'y avoir bien réüffi. Car il me femble, que je n'ai point eu d'autre vûë que de défendre fortement mes fentimens, à caufe que je les croi véritables. Mais fi dans la chaleur de la Difpute, il s'y eft gliffé quelque expreffion un peu trop dure, ce que vous pouvez fentir mieux que moi, voïez fi vous n'y auriez point donné vous - même un fujet raifonnable. Mais en tout cas, je vous prie de me la pardonner d'auffi bon cœur, que j'oublie comme je le dois, certaines maniéres qui me bleffent dans vôtre Ouvrage.

REPONSE

*Du Pere Malebranche, Prê-
tre de l'Oratoire , à quelques endroits des Repli-
ques de M. Regis.*

J'AI déja averti le Public
dans ma *Réponse* à Mon-
sieur Regis , que les
Lecteurs devoient être
extrémement sur leurs gardes, lors
qu'ils lisoient ses Ouvrages, aussi-
bien que les miens. Je vous prie,
Monsieur, de me permetre de l'en
avertir encore une fois. Peut-être
n'est-il pas un Auteur si exact &
si seur , qu'on doive s'en tenir à
ses décisions. Car enfin , il me
semble que si les Lecteurs croïent
toûjours ce qu'il avance le plus
hardiment dans ses Repliques , ils
seront tres-souvent trompez. Voi-

ci , Monsieur , quelques preuves qui pourront , ce me semble, en convaincre tout le monde. Je les ai tirées de la derniere page de sa *Replique,* parce qu'il s'y agit d'une question qui est à la portée de tous les Lecteurs , & que c'est le seul endroit qui ne suppose ni Géometrie ni Métaphisique. Voilà pourquoi je commence par où je devrois finir. Je laisse maintenant aux Géometres & aux Métaphisiciens à examiner à fond les deux premiéres Repliques do M. Regis : car je ne prétens pas y répondre ici en forme.

Monsieur Regis m'avoit accusé dans son *Sistéme de Philosophie ,* tom. 1. p. 245. d'être tombé dans des *contradictions manifestes,* à cause que j'avois dit dans la *Recherche de la Verité, liv. 4. ch. 10. Que le plaisir est toûjours un bien , mais qu'il n'est pas toûjours avantageux d'en joüir.* Dans ma *Réponse* p. 62. j'ai raporté exactement le Texte de M. Regis, & un peu plus fidellement qu'il ne le raporte lui-même dans sa *Replique* ; je souhaite qu'on en fasse la con-

frontation. J'ai obſervé le changement de caractéres qui y eſt , &
mis en marge la citation de l'endroit de la *Recherche* comme il
avoit fait , afin qu'on reconnût
d'où étoit tirée cette propoſition.
En effet, cette propoſition eſt dans
le chapitre de mon Livre cité par
Monſieur Regis. Mais dans ſa *Re-*
plique , il n'y a plus de changement de caractéres dans ſon Texte
qu'il repreſente , ni de citation en
marge. On en verra bien-tôt la
raiſon. J'ai donc fait voir dans ma
Réponſe , qu'il n'y a point de contradiction dans cette propoſition :
Le plaiſir eſt toûjours un bien, mais
il n'eſt pas toûjours avantageux d'en
joüir. Je voudrois bien qu'on voulût en voir la preuve dans ma *Ré-*
ponſe, & dans le Chapitre de la *Re-*
cherche cité par M. Regis. Quoi qu'il
en ſoit, M. Regis lui - même convient , *qu'il n'y a point de contra-*
diction. Mais voici ce qu'il replique.

Il eſt vrai, dit-il, *qu'il n'y a point de*
contradiction dans cette propoſition
là; mais il y en a une manifeſte dans
celle-ci : Le plaiſir eſt toûjours bon,

mais il n'est pas toûjours avantageux d'en joüir. *Or, c'est ici la*
V R A Y E *proposition de l'Auteur*
(Liv. 4. ch. 10. p. 74.) *d'où il s'ensuit que sa contradiction subsiste encore.*

On voit bien, ce me semble,
que ce n'est là qu'un détour peu
sincere. Car enfin ma V R A Y E
proposition, celle que je devois
justifier de *contradiction manifeste*,
est celle-là même que je trouvois
imprimée en caracteres italiques,
dans le Texte de mon Censeur,
& déterminée par la citation de la
marge, & non pas une autre proposition que je ne pouvois pas déviner qu'on dût critiquer, & qui
ne se trouve point reprise dans son
Livre. Mais de plus, si dans cette
proposition : *Le plaisir est toûjours un bien, mais il n'est pas toûjours avantageux d'en joüir*, il n'y
a point de *contradiction*, comme
Monsieur Regis vient d'en convenir ; comment y en auroit-il une
manifeste dans celle-ci : *Le plaisir
est toûjours bon, mais il n'est pas
toûjours avantageux d'en joüir.*

Monſieur Regis devoit la rendre plus *manifeſte.* Car il ſemble d'a-bord que de dire ici , Le plaiſir eſt bon , ou le plaiſir eſt un bien , ſignifie la même choſe ; & il n'y a point de contradiction, du moins qui ſoit manifeſte , dans cette pro-poſition , par exemple : *Vn poulet , ou plûtôt le plaiſir d'en manger eſt bon ; mais en Carême il n'eſt pas avantageux de joüir de ce plaiſir ,* parce qu'il n'eſt pas avantageux de perdre un grand bien pour un petit.

Monſieur Regis , dans la même page , trouve *qu'il n'y a rien de plus contradictoire que de dire ,* que le plaiſir nous rend actuellement heu-reux , mais qu'il ne nous rend pas ſolidement heureux ; qu'il nous rend toûjours heureux , mais qu'il ne nous rend pas contens. *Car , dit-il , c'eſt le même que de dire que le plaiſir nous rend heureux , & qu'il ne nous rend pas heureux ; ce qui implique une manifeſte contradic-tion.*

Il ne me paroît pas clair, que ce ſoit la même choſe. Car je croi

que les hommes sont inégalement
heureux & malheureux. Je croi que
la goute rend un homme malheureux, & que celui qui a la goute
& la pierre est encore plus malheureux. Je sçai bien que la douleur
n'est pas un vice, un mal moral :
mais c'est un mal phisique qui est
la peine du mal moral, & qui rend
actuellement malheureux ceux qui
la souffrent; & d'autant plus malheureux actuellement, qu'ils en
souffrent davantage. Il faut dire le
contraire du plaisir. Il rend actuellement heureux, & d'autant plus
qu'il est plus grand : mais il ne
rend point solidement heureux. Il
n'y a rien au contraire de plus opposé à nôtre souverain bonheur ;
ainsi que je croi l'avoir bien prouvé dans le Chapitre même que
Monsieur Regis a critiqué. Il
pourroit donc y avoir quelque
chose de *plus contradictoire* que
cette proposition : *Le plaisir nous
rend toûjours actuellement heureux,
mais il ne nous rend pas solidement
heureux.* Je parle des plaisirs des
sens ; & il faudroit lire le Cha-

pitre cité par l'Auteur, pour comprendre bien mon fentiment. Mais voici une preuve, pour ainfi dire, démonftrative, que Monfieur Regis n'eft pas un Auteur bien feu: & bien exact.

J'avois ajoûté dans ce même chapitre de la *Recherche* une modification à ma propofition, & j'avois dit, que les plaifirs étoient capables de nous rendre *en quelque maniére* heureux ; & dans ma *Réponfe*, page 64. j'en avois averti Monfieur Regis, & cité en marge la page 267. où cét *en quelque maniére heureux* fe trouvoit, afin de le rendre un peu plus équitable en mon endroit. Je prie le Lecteur encore une fois de ne m'en pas croire, & de tout confronter. Voici donc ce que Monfieur Regis me replique : *E' Auteur tâche de fauver cette contradiction à la faveur de ces termes,* En quelque maniére. *Il prétend avoir écrit,* que les plaifirs des fens font capables de nous rendre en quelque maniére heureux. *Je prétens au contraire qu'il ne l'a point écrit,* &

qu'il a feulement dit qu'il ne nioit pas que dés cette vie les juftes ne fuffent heureux en quelque maniére ; ce qui eſt tout different.

Cette replique hardie & imprudente de Monſieur Regis , me met dans une fâcheuſe neceſſité. Oüi je prétens avoir écrit , *que les plaifirs font capables de nous rendre en quelque maniere heureux.* Je l'ai écrit en pluſieurs* endroits de mes Livres , mais dans le Chapitre même critiqué par Monſieur Regis , page 267. ligne 10. & 11. qui eſt la page même que j'avois marquée dans la marge de ma Réponſe , page 64. afin que Monſieur Regis la trouvât aiſément ; mais je n'avois pas marqué la ligne. Il n'y a nulle faute d'impreſſion dans les deux citations. Mais ſupoſé qu'il y en eût , un Auteur équitable & retenu , auroit - il eu l'aſſurance d'écrire ces paroles ; *Il prétens au contraire qu'il ne l'a point écrit , & qu'il a ſeulement dit , &c.* Monſieur Regis ne devoit - il pas du moins lire tout entier le Chapitre cité, malgré le dégoût qu'il trouve

*Medit. Chrêt. p. 159. lig. 20. Morale 2.part. c. 19. at. 12.

dans un *ſtile de déclamateur ?* Alors
il auroit eu quelque droit, non de
prétendre abſolument que je n'ai
point écrit ce que je ſoûtiens avoir
écrit, mais peut - être de donner
quelque legere défiance de ma ſincerité ou de mon exactitude. Enfin, je prétens que cét *en quelque
maniére* eſt neceſſairement ſous-en-
tendu dans ces propoſitions, &
dans d'autres ſemblables : *Le plaiſir nous rend actuellement heureux ;
mais il n'eſt pas toûjours avantageux d'en joüir ;* ou bien, *mais il
ne nous rend pas ſolidement heureux,
&c.* Car perſonne n'eſt capable de
tomber dans la contradiction que
M. Regis m'attribuë.

Monſieur Regis non
content d'avoir trouvé les
contradictions manifeſtes
dont je viens de parler, il
en avoit encore heureuſe-
ment découvert le prin-

cipe qui est : *Que j'avois confondu les plaisirs des sens avec la satisfaction interieure.* Il faut assurément une grande sagacité pour une telle découverte. Car je ne comprens pas encore la liaison que peuvent avoir les propositions contradictoires en question, avec le principe dont il les fait dépendre. Il me semble que supofé qu'il se trouve des Gens *qui confondent les plaisirs des sens avec la satisfaction interieure,* ils ne pouront pas conclure bien directement de leur faux principe, *qu'il n'est pas toûjours avantageux de joüir* de ces plaisirs , & encore moins , *qu'il y a toujours des remords fâcheux qui les accompagnent.* Car enfin , les *remords fâcheux* ne s'accordent guere avec la *satisfaction interieure*, & il me paroît avantageux d'être interieurement satisfait. Quoi qu'il en soit, j'avois nié simplement à Monsieur Regis , *que j'eusse confondu les plaisirs des sens avec la satisfaction interieure*, parce que je ne croi pas que personne ait jamais confondu des choses si differentes. Et sur ce que Monsieur Regis l'avoit conclu de mes paro-

* Ré-
ponfe,
&c.
p. 67.
3. diff.
ci-devât
de la 2.
Edit.
p.119.
&c.

les, je lui avois affez * bien prouvé, ce me femble, que s'il avoit raifonné comme le commun des Hommes, il en auroit tiré une conclufion toute contraire. Aparamment il en demeure d'accord, car il garde fur cét endroit, un grand filence. Mais fur ce que dans le Chapitre qu'il critique, *j'avois appellé joïe, ce qu'il nomme fatisfaction, &c.* Voici ce qu'il me répond en termes *concis* & Philofophiques.

Il femble, dit-il, *que l'Auteur croit avoir évité la confufion que je lui reproche, en aïant fubftitué la joïe &*

la tristesse, à la place de la satisfaction interieure de l'ame & du remords de conscience. Mais si cela est, il se trompe beaucoup ; car la satisfaction interieure & la joïe sont deux choses toutes differentes. La joïe dépend des choses qui sont hors de nous, c'est à dire, qui sont indépendantes de nôtre liberté ; & la satisfaction interieure dépend des choses qui sont en nous , & qui dependent de nôtre choix, &c.

Sans ces premiéres paroles , *l'Auteur croit avoir évité la confusion que je lui reproche* , par lesquelles Monsieur Regis commence cét article, je me ferois rendu volontiers à fa décifion : Car je lui avois déclaré, *que j'étois prêt de changer joïe en fatisfaction, fi on le fouhaitoit ainfi.* Mais cette expreffion : *l'Auteur croit avoir évité la confufion que je lui reproche,* pour fignifier ce que Monfieur Regis prétend dire ici, ne me paroît pas trop Françoife, & me fait douter qu'il foit un grand Maître dans nôtre Langue. Ainfi, nonobftant fa remarque, & fans craindre *de me tromper beaucoup* ; je ne laifferai pas de dire, par exemple, qu'un avare a

une

une satisfaction interieure,
lors qu'il compte ses Ecus;
& que les Gens de bien,
ont une joïe interieure,
lors qu'ils ont fait un bon
usage de leur liberté. Car
la *satisfaction* & la *joïe*,
sont deux mots qui ont
entre-eux une grande res-
semblance, & qui, du
moins dans certaines ren-
contres, peuvent repré-
senter les mêmes choses à
ceux qui n'y regardent pas
de si prés que Monsieur
Regis.

Voilà les principales preuves,
que la derniere page de la Réplique de Monsieur Regis, me fournit, pour le droit que je préten's
avoir dépuis sa Critique, d'aver-
V

tir le Public qu'il faut lire ſes Livres auſſi - bien que les miens, avec beaucoup d'attention & de défiance , & qu'il ne faut juger de rien , que lors que l'évidence y force aprés un ſérieux éxamen. Car s'il y a tant de mépriſes dans cette derniere page , qui traite d'une matiére ſi ſenſible & ſi aiſée , il pourroit bien y en avoir autant à proportion dans ce qui regarde l'Optique & la Métaphiſique. Pour moi je trouve autant de fauſſetez dans la premiére page que dans la derniére , quoique plus courte de la moitié. Pour le marquer en peu de mots , car on ne m'en doit pas croire ſur ma parole , il eſt faux, 1° Que Monſieur Regis *ſe ſoit ſervi de ma figure.* Car dans ma *Ré-ponſe* les lignes P M & Q N, ſont les raïons principaux ou les axes des cones de raïons , dont le ſommet eſt dans un point de l'objet, & la baſe ſur la prunelle de l'œil. Mais dans la *Replique,* ces mêmes lignes marquent des raïons arbi-traires de la ſurface de ces cones. 2° *Il n'a point raporté mon expli-*

cation , & les *éclaircissemens* qu'il
a ajoûtez, me paroiſſent des broüilleries. 3° Cette propoſition , *Si
un objet eſt vû ſeul* , (qu'un objet ſoit vû ſeul ou avec un autre ,
cela ne change rien dans ſon image) *& par un même milieu , il ne
peut jamais paroître de même grandeur que lors qu'il eſt à une même
diſtance ;* cette propoſition , dis-
je , eſt fauſſe : car un Homme au
bout d'une chambre paroît de même grandeur que lors qu'il n'eſt
qu'à trois pas. Et la raiſon que
donne Monſieur Regis de ſa propoſition , qui eſt, *que ſi l'objet s'a-
proche de l'œil, il paroît plus grand,
parce qu'il eſt vû ſoûs un plus grand
angle , & qu'il trace une plus grande image ; & que s'il s'en éloigne,
il paroît plus petit , par une raiſon
contraire ,* ne prouve rien. Car la
grandeur de l'image doit être comparée à la diſtance de l'objet, pour
en ſçavoir la grandeur apparente.
[Voïez le 9. Chapitre de la Recherche de la Verité, ou plûtôt la
Dioptrique de Monſieur Deſcar-

tes.] 4° Ce qu'il met en italique comme une verité de conſequence, n'a rien de vrai, ſçavoir *que la grandeur apparente d'un même objet, vû à differentes diſtances, eſt toûjours proportionnée à la grandeur de l'image qu'il trace ſur la rétine, & à la corde de l'angle, ſoûs lequel il eſt vû.* Si ce qu'il penſe étoit vrai, un Elephant à cent pas paroîtroit beaucoup plus petit qu'une mouche à un demi pied. La démonſtration en eſt aiſée. De plus, il ne prend pas garde, 1° Que les grandeurs apparentes devroient être proportionnelles, non aux cordes des arcs, comme il le dit, mais aux quarrez de ces cordes. 2° Que ſi la grandeur des objets étoit proportionnelle aux images, elle ne pourroit pas l'être aux cordes exactement & en rigueur Géometrique: car les arcs ne ſont pas entre-eux comme les cordes, & encore moins les quarrez des arcs, comme les quarrez des cordes. Cette derniere propoſition ne contient donc, que des fauſſetez compliquées.

Pour ce qui regarde la nature des Idées, qui eſt le ſujet de la ſeconde *Réplique*, il en faut dire auſſi deux mots. Monſieur Regis s'appuïe d'abord ſur l'autorité de Monſieur Arnauld, pour s'exemter de répondre aux quatorze premiers articles de ma *Réponſe*, où je croi avoir démontré la fauſleté de ſon ſentiment, par les principes mêmes qu'il reçoit ; & il décide que ce Docteur *y a pleinement ſatisfait*. A l'égard du reſte, il y répond comme il peut.

Il ſeroit difficile que Monſieur Arnauld *eût pleinement ſatisfait* à ces 14. premiers articles. Car il n'eſt pas vrai *que je ne fais que rapporter les raiſons que j'ai déja propoſées dans la Réponſe au Livre des vrâies & des fauſſes Idées.* M. Regis n'y trouvera pas, par exemple celle de la page 34. Quoi qu'il en ſoit, ce n'eſt ni à Monſieur Regis ni à moi, à decider ſi la victoire de Monſieur Arnauld ſur le Pere Malebranche a été ou non tout à fait complete. Nous sommes parties interessées. Mais puis qu'il s'apuïe sur l'antorité de Monsieur Arnauld, je puis bien lui opposer celle de saint Augustin. Celle - ci vaut bien l'autre. Qu'il écoute donc patiemment ce saint Docteur.

Quis mente tam cæcus est, ces paroles sont bien injurieuses à Monsieur Regis ; mais il faut citer fidelement : il suffit que je ne les traduise pas, *qui non videat istas figuras quæ in Géometrica docentur, habitare in ipsa veritate, aut in his etiam veritatem ?* Solil. l. 2. c. 8. *Quapropter nullo modo negaveris esse incommutabilem veritatem, hæc omnia quæ incommutabiliter vera sunt continentem, quam non possis dicere tuam, vel meam, vel cujusvis hominis, sed omnibus incommutabilia vera cernentibus, tanquam miris modis secretum ac publicum lumen præsto esse, ac se præbere communiter. Omne autem quod communiter omnibus ratiocinantibus atque intelligentibus præsto est, ad u-*

llis eorum proprie naturam pertinere quis dixerit . . . . . . Hanc ergo veritatem de qua jam diu loquimur, & in qua tam multa conspicimus, excellentiorem putas quam mens nostra est. Lib. 2. de Lib. Arb. c. 12. *Sapientia Dei, Verbum Dei, Dominus Iesus ubique præsens est; quia ubique est veritas, ubique est sapientia. Intelligit quis in Oriente justitiam, intelligit alius in Occidente justitiam : numquid alia est justitia quam ille intelligit, alia quam iste ? Separati sunt corpore, & in uno habent acies mentium suarum.* Traité 35. sur saint Jean.

Il y a cent autres passages dans saint Augustin, qui prouvent que nos Idées sont bien differentes de nos perceptions ; qu'elles sont immuables, éternelles, & necessaires ; en un mot, qu'elles sont en Dieu, dans le Verbe ou la Sagesse de Dieu, dans cette raison universelle qui éclaire toutes les intelligences. Je l'ai suffisamment prouvé dans ma Réponse, au Livre *Des* * *vraïes & des fausses Idées,* contre

* Ch.7.
& 21.
des
vraïes
& fauſ-
ſes
Idées,
p. 191.

V iiij

Monsieur Arnauld , qui croïoit
que saint Augustin ne l'entendoit
que des verités de Morale. Je ne
croi pas que les vrais Augusti-
niens en puissent douter , ni que
Personne préfere l'autorité de M.
Arnauld à celle de saint Augustin ,
sur un sentiment que ce saint Docteur a eu toute sa vie , & qu'il
supose dans presque tous ses écrits.
Que Monsieur Regis , à l'imitation
de Monsieur Arnauld , traite ce
sentiment de Chimerique , & qu'il
me tourne sur cela en ridicule. Je
me contenterai de lui répondre,
que son aveuglement me fait pitié.
Rideat me , dit ce saint Docteur
parlant de l'immutabilité des Idées
que nous avons des nombres , *qui
eos non videt , & ego doleam riden-
tem me.* Confess. l. 10. ch. 12.

Pour les Repliques que Monsieur Regis fait au reste de ma
Réponse , je ne pense pas qu'elles
meritent d'être refutées, parce que
je n'y trouve que de perpetuels détours , par lesquels il échape au
Lecteur qui n'y voit goute. Je puis

parler de ce ton-là, aprés les preuves que j'ai données de sa sincerité ou de son exactitude. Mais les Lecteurs attentifs & éclairez sçauront bien dissiper les tenebres qu'il répand sur une matiére déja assez obscure & abstraite d'elle - même. Et s'ils ont bien compris les quatorze premiers articles de ma *Réponse*, & qu'ils apportent l'application necessaire pour confronter les passages du *Sistéme* avec la *Recherche*, & de la *Réponse* avec la *Réplique*, j'espere qu'ils reconnoîtront que j'ai tâché du moins d'éclaircir la matiére, & que Monsieur Regis ne l'a pas trop entenduë, & qu'il l'a fort obscurcie.

Dés le premier pas qu'il fait, il confond tout. Il dit d'abord, *que son sentiment est, que Dieu produit nos Idées, toutes les fois que nous pensons à quelque objet.* Fort bien. Mais cela est équivoque par raport à la question qui regarde la nature des Idées. *Dieu produit nos Idées.* Mais ces Idées sont-ce des entitez distinguées de l'ame ? Non sans doute, selon lui : c'en sont des modifications ; l'ame peut voir toutes choses en elle-même, dans sa propre substance. Pourquoi donc cherche - t'il dans le quatriéme Chapitre de la nature des Idées, & non pas dans le cinquiéme, la refutation de son sentiment ? Je l'avois averti deux fois, que c'étoit-là qu'il l'auroit trouvée. C'est apparemment qu'il a voulu couvrir sa méprise, d'avoir combatu dans son Sistéme des preuves qui ne regardent pas son sentiment, & que tout averti qu'il étoit, que c'étoit dans le cinquiéme Chapitre que se trouvent les preuves contraires à son opinion, il a voulu dire, *qu'il les auroit volontiers combatuës, mais que par mégarde ou autrement je les avois omises.*

Mais si Monsieur Regis avoit effectivement voulu combatre mes preuves contre ses modifications representatives, que ne les cherchoit-il dans ma *Réponse aux vraïes & aux fausses Idées*, s'il ne les trouvoit pas ailleurs : Ce Livre

avoir paru long-tems avant le ſien,
& il doit y avoir là quantité de
ces preuves , puiſque ce Livre a
été compoſé pour detruire les modalitez repreſentatives , ſentiment
qui renverſe , ſi je ne me trompe ,
toutes les Sciences , ſans parler
de la Religion. C'eſt aparemment
que Monſieur Arnauld * *y a plei-*
nement ſatisfait. Mais quoi ! Monſieur Arnaud n'avoit - il pas déja
ruiné de fond en comble le Siſté-
me des Idées que j'avois donné
dans la *Recherche de la Verité.*
Aprés m'avoir foudroié par un
Livre de plus de trois cent pages,
falloit - il , que Monſieur Regis
vint au ſecours , pour partager
avec ce terrible adverſaire la gloire d'avoir triomphé de ſi peu de
choſe ? *Stile de declamateur !* dira-
t'il. Et d'un ſtile *concis* & *deciſif.*
Monſieur Arnauld *a pleinement*
ſatisfait aux raiſons du Pere Malebranche données dans ſa Réponſe
au Livre de Monſieur Arnauld *Des*
vraïes & des fauſſes Idées. Il a même
me pleinement ſatisfait à toutes

* *Repli-*
que ſe-
conde,
P. 58.

célles qui sont dans les quatorze premiers articles de la Réponse que ce Pere m'a faite. Il avoit allez de pénétration, pour prévoir long-tems auparavant ce que le Pere Malebranche pourroit dire contre nôtre sentiment commun. J'ai crû pour de bonnes raisons, que je devois attaquer la *Recherche de la Vérité*, par le même endroit que Monsieur Arnauld. Car l'Auteur *a fait tout le mal qu'il a pu à ma Métaphisique & à ma Morale.* Que ne faites-vous donc tout le mal que vous pouvez aux quatorze premiers articles de sa *Réponse ?* dira brusquement, quelque esprit impatient & colére. Car c'est là que la question entre-vous, Monsieur, & le Pere Malebranche, est expliquée en termes *concis.* Non *je proteste publiquement, que je ne veux plus répondre, ni au Pere Malebranche ni à ses Disciples ; & je suis persuadé que le Public connoîtra bien par mes deux Répliques, ce que je serois capable de faire.*

* Repli-
que, p.
derniere.

Je répons donc ſerieuſement à mon tour, que je n'ai garde de juger de la capacité de Monſieur Regis, par ſes deux Répliques. Je le croi aſſurément capable de quelque choſe de meilleur. Si contraint par la neceſſité de juſtifier mes ſentimens, j'ai fait voir en partie la foibleſſe de ſes Réponſes, & ſi je perſiſte à ſoûtenir, que ce ne ſont que des broüilleries ou de perpetuels détours ; je proteſte, que je ſerois fâché que le Public le prît au mot, & jugeât de ce qu'il eſt capable de faire, par les Répliques qu'il a faites. Aparemment, c'eſt que le chagrin a été de la partie ; cela paſſera. Et alors il ne critiquera plus que ſes propres ſentimens. Ou s'il critique les autres, on ſera charmé de ſon équité, de ſon exactitude, & de ſa ſincerité. Il a crû que je l'avois offenſé. Il en a ſans doute, des raiſons fort vraiſemblables. Il eſt difficile de n'être pas quelquefois trompé par de faux raports. Mais je proteſte de

vant Dieu , que lors que l'on me
dit , il y a plusieurs années que
Monsieur Regis étoit fâché contre
moi , j'en eus du chagrin , & j'en
fus étrangement surpris , sçachant
bien que je ne lui en avois point
donné de sujet : & je le dis même à quelques - uns de ses Amis,
afin qu'ils le détrompassent. Je
proteste encore , que je ne me sou-
viens pas d'avoir seulement eu la
moindre pensée de faire ce qu'il
assure ici que j'ai fait : Plût à Dieu
qu'il m'en voulût croire !

Je finis donc ma Réponse , parce qu'il me semble que j'en ai assez dit , pour esperer que ceux
qui liront ses deux Repliques,
suspendront leur jugement , nonobstant l'air de confiance , avec
lequel Monsieur Regis decide sur
des matiéres qu'il semble qu'il
n'entend point : Qu'ils examineront même jusqu'aux faits sensibles ; & comme , par exemple, s'il
est vrai , qu'il n'y a que *le Pere
Malebranche à qui la voute du
Ciel paroisse comme un demi sphe-*

roïde aplati ; Car le Ciel paroif-
foit ainfi à Monfieur Regis lui-
même , lors qu'il compofa cét
endroit de fon Livre , où il dit ,
c'eft par cette même raifon , (fçavoir, que nous voïons entre nous
& l'Horifon plufieurs objets,) *que
les montagnes qui bornent l'Horifon, paroiffent bien plus éloignées
que ne font le Soleil ni la Lune,
lors qu'ils font dans le Méridien,*
Phyf. l. 8. ch. 29. n. 5. Ils examineront, fi l'experience apprend ,
que lors qu'on voit la Lune à
l'Horifon , par un tuïau qui cache exactement le Ciel & les
Terres , elle ne laiffe pas de paroître de même grandeur. Car
tous ceux que j'ai vû qui ont
fait exactement cette experience ,
m'ont affuré le contraire. Sur tout,
j'efpere qu'ils ne jugeront de rien,
qu'après avoir juftifié les citations , confronté les paffages , &
bien conçû les opinions de l'Auteur & les miennes. Et cela fupofé , je croi que la verité de mes
fentimens , auffi-bien que de ceux

Premie-
re Ré-
plique,
p. 39.

de Monsieur Regis, sera assez à
couvert, & que je puis m'occu-
per à quelque chose de meilleur,
qu'à des contestations inutiles, &
qui ne finiroient jamais.

DEFENSE

DÉFENSE

DE LA

RECHERCHE

DE LA VERITÉ,

Contre ce qu'en dit M. Regis, dans son Systéme de Philosophie, par M. D. G. &c.

ASSUREMENT, Monsieur, la Métaphysique de M. REGIS, est un Ouvrage le plus negligé qui ait parû de nos jours ; & bien des Gens sont surpris , qu'un Homme qui passe pour avoir quelque habileté , traite cette matiére avec si peu d'exactitude , & qu'il défende des erreurs si grossiéres dans ses *demonstrations analitiques.*

Vous sçavez, Monsieur, que je ne vous parle point en l'air, & que dés que l'Ouvrage de M. REGIS fut exposé au public, vous y remarquates vous-même, bien de raisonnemens, qui n'ont pas le moindre caractére de vrai-semblance. Rien n'est si mal concerté, rien n'est si foible, & si mal suivi que ce grand apareil d'axiomes, de maximes, & de reflexions du *Systême Métaphysique,* Monsieur Delelevel en a donné dans sa savante Refutation, des preuves fort éclatantes, & qui ne découvrent pas mal le caractére de l'Auteur : pour moi je n'ai point d'autre dessein dans ce petit écrit ; que de convaincre ceux qui entendent ces matiéres, que tout ce que M. REGIS a prononcé par raport à la Doctrine de l'Auteur de la *Recherche de la Verité,* marque d'une part beaucoup de mauvaise foi, & de l'autre, une ignorance grossiere des sentimens qu'il ne sçauroit renverser, malgré les petites attaques, & tous les faux coups qu'il leur porte, en bien

des endroits de son Livre. Il faut,
Monsieur, que je justifie mes pré-
tentions. Prenez la peine de lire
l'éclaircissément de la *Recherche
de la Verité* , qui a pour Titre
*qu'il est tres - difficile de prouver
qu'il y a des corps* , ou si vous
trouvez cét éclaircissement trop
long ; lisés le sixiéme entretien sur
la Métaphysique, vous verrez dans
cét endroit, que le P. M A L E-
B R A N C H E démontre éxactement, qu'il est impossible de donner une démonstration Géometrique de l'éxistence des corps ; He
le moïen de démontrer une verité, sans faire voir qu'elle a une
liaison necessaire avec son principe, sans faire voir, que c'est un
raport necessairement renfermé
dans les Idées que l'on compare :
or la matiére n'a point de raport
necessaire avec la Divinité : donc
on ne sçauroit démontrer exactement qu'elle existe. Néanmoins,
Monsieur Regis *est fort surpris d'a-*
voir été si long-tems à comprendre Syftéme
l'excellente démonstration qu'il en Metap.
donne , & à se délivrer par ce p. 75.

moïen de l'érreur , où il étoit de croire , qu'il n'y avoit que la Foi qui le peut rendre certain de l'éxiſtence de l'étenduë. Voici, Monſieur, cette démonſtration Géometrique , qui porte tant de lumiére dans l'eſprit de ſon Auteur. *Ie demande d'abord, d'où vient que cette Idée me repreſente l'étenduë en longeur , largeur & profondeur , plûtôt que quelque autre choſe.* Je ne ſçai s'il cherche la cauſe efficiente de cette Idée , ou quelque autre cauſe ; il ſemble d'abord , qu'il en veut à l'efficiente , parce qu'il cite ſon ſecond Axiome , qui a un grand rapport à cette cauſe ; cependant il paroît par ſes troiſiémes reflexions , qu'il veut parler de la cauſe éxemplaire , *Or cela ,* continuë ce Philoſophe, *ne peut venir que de moi-même ou de l'étenduë.* Je réponds à Monſieur Regis , qu'il ſupoſe ce qui eſt en queſtion ; car je lui nie que cette Idée ait reçû en aucune maniére la proprieté qu'elle a de répreſenter l'étenduë. Les Idées qui nous éclairent ſont incréées ; elles n'ont point de cauſe , ni efficien-

Axio. 2. Tout effet préſupoſe une cauſe. Metaphy. p. 69. & 76.2.re-flex.

te , ni exemplaire. Je veux pourtant accorder à M. Regis , que
l'Idée de l'étenduë ait une caufe
exemplaire ; & dans cette hypo-
thefe , je prétends lui prouver ,
qu'il eft impoffible , que fa *dé-*
monftration fubfifte. Je fuis fon
Texte pied à pied , & je fais en
même-tems mes reflexions ; *Or ,*
la proprieté qu'a cette Idée , ne peut
venir que de moi - même , ou de l'é-
tenduë. Cette divifion ne vaut
rien ; car elle peut venir d'ailleurs. *Mais je ne connois encore* Ibid.
que moi - même , & l'étenduë. Si
M. Regis ne connoît encore que
lui-même , & l'étenduë , c'eft fa
faute , car Philofophant par ordre,
& fuivant la methode de Monfieur
Defcartes , il devoit fe rendre certain de l'éxiftence de Dieu , & de
fes decrets , immédiatement aprés
s'être affuré de celle de fon efprit ;
Car la connoiffance de celle - là ,
fuit immédiatement celle-ci , elle Réponfe
la précede même en un fens, com- à la cen-
me l'Auteur du Syftéme l'a remar- fure de
qué lui - même dans fa Réponfe à la Phil.
M. DAVRANCHEZ , *mais cette* Carte-
                                        fienne.

propriété *ne peut venir de moi*, c'eſt toûjours M. Regis qui continuë ſa démonſtration : *Car je connois par la lumiére naturelle, que la cauſe de l'Idée de l'étenduë doit contenir formellement toutes les proprietés que cette Idée repreſente.* Comme c'eſt de la cauſe exemplaire dont il s'agit ; l'Auteur avance un principe qui eſt la fauſſeté même ; car il s'enſuit delà, que Dieu contient formellement les proprietés de la matiére. Que M. Regis s'explique clairément ? Dieu connoiſſoit-il la matiére avant qu'il l'eût créée, il n'oſeroit ſoûtenir le contraire : s'il la connoiſſoit, il en avoit donc l'Idée ; & s'il en avoit l'Idée, il a formé le monde materiel ſur cette Idée. Voilà donc une cauſe exemplaire, *qui doit contenir formellement toutes les proprietés* de ce qui a été produit à ſa reſſemblance. Il ſemble que cela ſuit du principe de M. Regis ; car il ſoûtient avec beaucoup d'apareil, que les *exemplaires doivent contenir formellement les proprietés*, de tout ce qui a été formé à leur reſſemblance ; puiſque , ſi l'Idée de l'étenduë repreſente certaines proprietés , plûtôt que d'autres ; c'eſt parce qu'elle les a reçûës de la matiére , en qualité de ſon archetype , & de ſa cauſe exemplaire. Dieu eſt donc formellement tout ce qu'il a créé ; il eſt formellement eſprit , & corps ; car il contient eſſentiellement en lui-même les exemplaires de tout ce qu'il a connu de toute éternité, Or, il y a contradiction que cela ſoit ainſi , donc le principe de M. Regis, *Que la cauſe exemplaire doit contenir formellement les proprietés de l'Idée ;* parce qu'elle a été formée ſur elle , comme ſur ſon modele, eſt évidemment faux ; donc il eſt impoſſible qu'il démontre l'éxiſtence des corps , par la voïe dont il ſe ſert. Car enfin , il y a contradiction en toute maniére, que l'étenduë materielle ſoit la cauſe exemplaire de ſon Idée. L'Auteur du Syſtéme convient , que les corps ne ſont pas intelligibles par eux-mêmes , & que l'ame a beſoin d'une Idée pour les

Voïez le 16. Chap. du 2. l. de la Metap.

apercevoir ; donc l'Idée eſt diſtinguée de l'étenduë qu'elle repreſente : Et afin que nous apercevions ſes proprietez, il eſt neceſſaire que cette Idée ſoit preſente à nôtre eſprit ; mais il n'eſt pas neceſſaire qu'il y ait quelque choſe au dehors qui lui ſoit ſemblable. Voilà, Monſieur, tout ce que je vous dois démontrer. Eſſeïons de le faire. Que cette Idée qui eſt preſente à nôtre eſprit, lors qu'il aperçoit les proprietés de l'étenduë, ſoit la même que celle qui eſt en Dieu, comme le démontre tres-efficacement le Pere Malebranche dans ſa Réponſe à Monſieur Regis : Qu'elle ait été produite avec la ſubſtance de l'ame, que l'ame elle-même, ou ſi vous voulez, quelque autre eſprit, la produiſe à l'occaſion des differens ébranlemens de la partie principale du cerveau ; il eſt certain, que dans toutes ces maniéres d'apercevoir l'Idée de l'étenduë, elle eſt tellement indépendente de tout ce qui eſt au dehors ; je veux dire de la matiére, qu'il eſt étrange comme

Voïez la Réponſe au Livre des Vraïes & fauſſes Idées.
Voïez la 1. Lettre touchant la défenſe de M. A.

comme l'Auteur du Systéme Philosophique en a pû tirer une
démonstration de l'éxistence des
corps, & qu'il assure que s'ils
n'éxistoient pas, leur Idée seroit
une chimere. Si cette Idée est la
méme que celle qui est en Dieu :
comme elle a précedé l'éxistence
de la matiére, elle ne peut avoir
reçû d'elle aucune proprieté. Si
elle a été produite avec l'ame,
comme son origine vient de Dieu
immédiatement, & que cette Idée,
quelque immense qu'elle soit, est
une de ses modifications, selon M.
Regis, il y a contradiction, que
la matiére en soit la cause exemplaire. Si c'est l'ame, ou quelque
autre intelligence qui la forme,
comme cette production supose
la connoissance de la matiére, &
qu'elle n'est pas intelligible, de
l'aveu de l'Auteur ; c'est en vain
qu'il tâche de nous persuader, que
la matiére quelque grossiere qu'elle soit, est l'archetipe de son Idée ;
que si elle est intelligible par elle-
même, elle est son Idée, & il est
inutile d'en former une autre.

X

Donc il est plus clair que le jour,
que l'étenduë intelligible ne reçoit
pas de la matiére, comme de sa
cause exemplaire, la proprieté
qu'elle a de representer son essence ; Et elle n'est pas son Idée
au sens de Monsieur Regis ; c'est
à dire, comme une copie l'est de
son original : Ainsi lorsque les
Philosophes démontrent que nous
connoissons l'étenduë matérielle
dans son Idée ; ils n'entendent
autre chose, sinon, que n'étant
pas intelligible, nous ne sçaurions voir les proprietez dans elle-
même, mais dans son archetipe.

Ibid. *Mais d'où vient que cette Idée a
reçû cette proprieté, & non pas
une autre ?* repliquera M. Regis.
Je lui réponds qu'il cherche en
vain cette cause exemplaire. Les
Idées n'en ont point. Je réponds
en second lieu, que l'Idée que
Dieu a de l'étenduë, auroit pû
servir d'exemplaire à celle qui est
presente à nôtre ame. Mais quoi !
*cette Idée represente donc celle qui
est en Dieu, & non pas l'étenduë
matérielle. Oüi : en ce sens qu'el-*

Je parle selon la supofition que les Idées sont créées.

le a été formée à son image ; Car
toutes les créatures sont de cette
maniére des participations de l'E-
tre infiniment parfait. *L'Idée de
l'étenduë est donc une repréfenta-
tion du néant.* Pitoïable raifonnement ! Les proprietés que tout le
monde connoît dans cette Idée,
font réélles. Ainfi que la matiére
éxifte, ou n'éxifte pas. Je fçai par
le moïen de fon archetipe, qui
éclaire mon efprit, qu'elle eft capable de toutes les proprietés que
cét éxemplaire me repréfente.
Tous les Êtres contiennent leurs
proprietés, conformément à la
maniére dont ils en font capables.
L'Idée de l'étenduë eft divifible,
elle repréfente differentes figures,
&c. mais c'eft intelligiblement ;
l'étenduë materielle eft mobile,
divifible, &c. Et c'eft felon que
fa nature eft capable de fes proprietés ; je veux dire localement.
De forte que l'argument qui fut
propofé, il y a quelque tems, Défenfe
par un celebre Docteur au Pere de M.
Malebranche, à peu prés en ces A.
termes. *Je dois attribuër aux cho-*

ses tout ce que leurs Idées me repre-
sentent : or l'Idée de l'étenduë ne
me repréfente que des propriétés intelligibles, donc je dois dire, que
l'étenduë matérielle eft divifible,
mobile, &c. intelligiblement. Cét
argument, dis-je, n'a pas plus de
force que tout ce qu'on debite
dans le Livre dont il eft extrait.
Je reviens de mon écart ; Car je
ne perds pas de veuë les raifon-
nemens de Monfieur Regis, touchant la démonftration de l'éxiftence des corps , ils font affurément des fophifmes groffiers & de
perpetuelles petitions de principe.
Je penfe que les Perfonnes qui
comprenent ce qui fait le fort de
cette démonftration prétenduë en
jugeront comme moi, voici ce que
l'Auteur avoit à démontrer.

Que les Idées ont été créées,
Que les Idées font des copies, & non pas des originaux.

Comme ces principes ne font pas démontrés, & qu'ils ne le peuvent être ; on ne fçauroit donner aucune créance à tout ce que l'Auteur nous dit touchant la nature & l'origine des Idées ; de forte qu'il est toûjours vrai, (Jufques à ce que Monfieur Regis le démontre autrement qu'il n'a fait) qu'il n'y a que la Foi qui puiffe nous fournir une démonftration éxacte, & Géometrique de l'éxiftence des corps ; fans qu'on puiffe dire, comme le dit M. Regis, que les Philofophes qui défendent ce fentiment, tombent dans un cercle *en prouvant l'éxiftence des corps, par la Foi, & la Foi par l'éxiftence des corps.* Puifque Monfieur Regis eft affez fincere, pour nous faire part d'une objection qu'il a trouvé dans La Recherche de la Vérité, il devoit avoir affez d'équité pour l'accompagner de fa Réponfe, qu'il a pû voir, ou bien la combatre, & la renverfer cette Réponfe, fi elle n'eft pas folide : ce font là les regles, fi je ne me trompe, que les Critiques

Voïez le 6. Entretien fur la Métap.

Metap. p. 75.

font obligés de fuivre. Voici, Monfieur , l'objection , & cette Réponfe que l'Auteur a fait éclipfer. *Il eft vrai , qu'il femble d'abord , que la preuve , ou le principe de nôtre Foi , fupofe qu'il y ait des corps , fides ex auditu ; il femble qu'elle fupofe des Prophetes , des Apô:res , une Ecriture Sainte , des Miracles . . . Mais fi l'on y prend garde de près , on reconnoîtra , que quoi qu'on ne fupofe que des aparances d'Hommes , des Prophetes, d'Apôtres . . . . &c. Ce que nous avons appris par ces prétenduës aparences , eft abfolument inconteftable , puifque, comme j'ai prouvé en plufieurs endroits de cét Ouvrage , il n'y a que Dieu qui puiffe repréfenter à l'efprit ces prétenduës aparences , & que Dieu n'eft point trompeur ; car la Foi même fupofe tout ceci.* Monfieur Regis dira peut-être qu'il aprouve que Dieu ne peut éclairer les intelligences que par la lumiére qu'il emprunte de la matiére. Cela ne fuffit pas pour faire voir que les Philofophes qu'il combat , font tombés dans un corcle , comme il ne suffit pas non plus de répondre qu'il n'entend parler que d'une cause exemplaire impropre , lors qu'il avance dans sa démonstration , que la matiére est l'archetipe ou l'exemplaire de son Idée.

On voit bien qu'il lache le pied, qu'il tâche à parer le coup que lui porte M. Duhamel , & qu'il veut mettre à couvert son raisonnement , à la faveur d'une *métaphore*. Rien n'est plus évident que l'Auteur prétend dans son Systéme , que la matiére est une veritable cause exemplaire ; car si son Idée repréfente plûtôt la divisibilité , l'impénétrabilité , &c. que d'autres proprietés ; c'est parce qu'elle *les a reçuës de la matiére* en qualité de cause exemplaire. Puisque si elle n'éxistoit pas , son Idée seroit une chimére , *& repreſenteroit le néant.* Est ce là ne parler que d'une cause exemplaire impropre , & d'un faux archetipe ? Mais que la matiére soit un exemplaire *métaphorique* , je le veux. Il faut que Monsieur Regis nous

Réponse de M. Regis aux reflexions de M. Duhamel , P. 15.

apprenne quelle est la veritable cause exemplaire de l'Idée qu'il a de l'étenduë ; assurément elle en a une qui ne se ressent point de la Metaphore. Qu'il nous la marque. Mais je pense que c'est trop exiger de lui ; il a déja prononcé que cette cause ne se trouve pas dans son ame, car il sçait *tres - certainement , que son esprit ne contient aucune proprieté de l'étenduë ,* quoique selon lui , il soit representatif de son essence. Et aprés avoir poussé ses reflexions plus avant ;

Il voit que sa conséquence est bonne , & qu'un esprit quelque excellent qu'il soit , ne peut faire que l'Idée qu'il a de l'étenduë , lui represente l'étenduë plûtôt qu'une autre chose . . . parce que s'il le faisoit ; l'Idée qu'il auroit de l'étenduë , ne seroit pas une representation de l'étenduë ; mais une representation du néant. Voilà, Monsieur, *une manière de démontrer l'éxistence de l'étenduë ,* & *une manière , si simple , & si naturelle ,* que je ne puis concevoir pourquoi Monsieur *Regis demeure si long - tems ,* à en

Systéme
Phil.
p. 75.

comprendre la fausseté , & à le
délivrer *de l'erreur où il est de croire* , qu'on puisse démontrer les
vérités qui n'ont pas un raport
essentiel à leur principe, & qu'on
puisse en convaincre les Philosophes par des discours Métapho-
riques. Prenez la peine de lire le
Chapitre 8. de la premiére partie P. 169.
du deuxiéme Livre Métaphysique,
vous serez surpris comme Monsieur Regis ose répondre à Monsieur Duhamel , qu'il parle d'une
cause *exemplaire Métaphorique* ;
Outre que vous trouverez dans
cét endroit une *excellente* comparaison qui vous réjoüira.

Je passe au Chapitre 8. de la
premiere partie du Systéme Métaphisique, & je va vous exposer les
raisonnemens que M. Regis met
en avant , pour combatre un sentiment qui n'est pas propre à l'Auteur de la *Recherche de la Verité* , Voïez
Mais à tous les Théologiens qui S. Tho.
ont parû jusques à present. Ce sen- q. 15.
timent est, que Dieu voit les Etres
possibles dans ses perfections qui
les représentent, ou dans ses divi-

X v

nes Idées. M. Regis prétend qu'il les voit dans ſes volontés arbitraires, car les volontés de Dieu, par raport aux créatures ſont telles. Voici, Monſieur, ſur quoi il apuïe. Remarquez, je vous prie, ſon raiſonnement ; il lui eſt particulier. *Ie ſuis pourtant ſi accoûtumé à croire que Dieu voit les créatures en conſiderant les perfections qu'il a qui s'y raportent, que je ne puis preſque m'empécher de conſiderer ſon eſſence comme un miroir, qui a la proprieté de répreſenter tous les objets qu'on lui met devant. Mais j'abandonne volontiers un ſentiment ſi peu raiſonnable, non ſeulement parce qu'il n'y a rien en Dieu qui ſe raporte aux créatures que ſa volonté ; Mais encore parce que l'eſſence de Dieu qui eſt toute parfaite, dépendroit des choſes qu'elle repreſenteroit comme les portraits dépendent de leurs cauſes exemplaires.....*

Rien n'eſt plus facile que de renverſer les ſentimens les mieux établis, lors qu'on ſe donne la liberté de les apuïer ſur des raiſons chimériques que les ſens, &

Métap.
p. 91.
Liſés
la p.105.
de la
Rép. du
P. M.

l'imagination nous inspirent sans cesse dans les affaires mêmes les plus serieuses. Car où est le Théologien , qui ait jamais pensé démontrer que Dieu voit tous les Etres avant leur création ? Qu'il les voit en lui - même , selon que son essence est representative , ou participable par les créatures , & qu'il ait aporté les foibles raisons (pour ne rien dire de plus fort) que Monsieur Regis expose au Public , *qu'il en est de Dieu comme d'un miroir , qui ne represente rien que par raport à ce qu'on lui opose.* Je défie Monsieur Regis de me nommer un seul Théologien qui défende le sentiment qu'il refute , & qu'il le fonde sur la comparaison des miroirs. En attendant qu'il le fasse , je va lui raporter ce qu'ont pensé Saint Augustin & Saint Thomas , sur cette matiére. L'Auteur se fait honneur de l'autorité de ces deux grands Hommes , & s'il a quelque déference pour leur sentiment , ils lui aprendront une Doctrine plus solide , que celle

V.S.Th.
Prima
Prima
q.15.
art. 2.
dans la
concl.

qu'il soûtient touchant la Science de Dieu, & celle des Idées. Voici le Texte de S. Augustin, PRIN-CIPALES FORMÆ RERUM STABILES, ATQUE INCOM-MUTABILES, QUÆ IPSÆ FORMATÆ NON SUNT, ET PER HOC ÆTERNÆ, ATQUE SEMPER EODEM MODO SE HABENTES, QUÆ IN DIVINA INTELLIGENTIA CONTI-NENTUR, ET CUM IPSÆ NEQUE ORIANTUR, NEQUE INTEREANT, SECUNDUM EAS TAMEN FORMARI DICITUR OMNE QUOD ORIRI, AUT INTERIRE POTEST, ET OMNE QUOD ORITUR, ET INTERIT, SIN-GULA PROPRIIS ESSE CREATA RATIONIBUS. Il me semble que ces paroles sont contradictoires au Texte de Monsieur Regis, & qu'elles di-sent non seulement, que les Idées sont des originaux ; mais encore que Dieu voit les créatures dans les Idées, qui les réprésentent, & non pas dans ses volontés arbitraires , comme se l'est faussement imaginé l'Auteur du Systéme. EASQUE RATIONES NON ESSE NISI IN MENTE CREATORIS. Voïez S. Thomas 1. p. qu. 14. article 5. & 6. Il dit expressément qu'il y a quelque chose en Dieu , qui a raport à ses créatures , & que c'est dans ses perfections qu'il les voit, comme possibles. CUM ESSENTIA DEI HABEAT IN SE QUIDQUID PERFECTIONIS HABET ESSENTIA CUJUSCUMQUE REI ALTERIUS , ET ADHUC AMPLIUS. Saint Augustin pousse encore son sentiment plus loin , il traite de stupide ceux qui ne voïent pas que les figures de Géometrie sont dans la verité même ; Car par la Verité , ce Pere entend le Verbe. *Quis mente tam cœcus est , qui non videat istas figuras qua in Géometrica docentur , habitare in ipsâ veritate.* L'essence de Dieu est donc comme un Miroir , qui a la proprieté de représenter tous les objets. J'aban-

L. 2. Sol.
Ch. 8.

C

Métap.
P. 91.

donne un sentiment si peu raisonnable, dit Monsieur Regis, il devoit ajoûter, & si peu raisonnable, qu'il n'est jamais entré que dans un esprit fait comme le mien, je ne sçai même à quel dessein il le refute. L'essence de Dieu ne represente pas les créatures, comme un miroir représente les objets, suposé que ce soit le miroir qui ait cette prétenduë proprieté. Dieu est sa lumiére à lui - même, il ne reçoit rien de déhors ; *Non enim extra se quidquam positum intuebatur*, dit Saint Augustin, *ut secundum id constitueret quod constituebat*. Mais le miroir n'a cette proprieté représentative, que par raport à la presence des objets, & on ne sçauroit dire la même chose à l'égard de Dieu sans impieté ; puisque ce seroit borner ses connoissances infinies. Ainsi, quoique les archétipes des créatures soient en Dieu, comme la raison le démontre, il n'y a rien en lui de dépendant ; les originaux ne dépendent pas des copies ; mais bien les copies des originaux : De sorte, qu'on peut dire fans crainte de fe tromper, que les créatures font des participations de l'Etre infiniment parfait, entant qu'elles ont été formées à la reffemblance des divins archétipes qu'il contient. Et puifque l'effence de Dieu contient d'une maniére infiniment parfaite, *éminenter*, comme parle l'Ecôle, toutes les perfections des créatures ; on doit encore dire, que Dieu eft l'Etre univerfel, l'Etre général ; Enfin, que c'eft l'Etre tout court ; car les créatures ne font que tel, & tel Etre : Il me femble que ces termes donnent une Idée de Dieu, plus relevée que cette definition de l'Auteur du Syftéme, *Dieu eft une penfée* ... Et qu'ils font plus conformes à cette grande maxime que M. Regis a adopté du *ere Malebranche ; cette maxime dis-je, qui porte, que lors qu'on prétend parler de Dieu avec quelque exactitude, il ne faut pas fe confulter foi-même, ni parler comme le commun des Hommes. C'eft aparemment pour s'être confulté

C'eft une proprieté de l'infini, de compréndre tout & d'être fimple.
V. la Metap. de M. R. p. 86. ar. 3. & 4. Ibid. Traité de la N. & de la Gr. ar. 11. « M. R. « rap. « cette « max. « dans « fon n. « L. M.

ch. 7. à la fin.

foi-même, que l'Auteur définit Dieu par raport à la penſée ; & qu'il en parle ſi humainement.

Que s'il eſt évident que l'eſſence de Dieu eſt repreſentative de ſes créatures, entant que participable par elles, il eſt conſtant, que Dieu qui aime ſes divines Idées à proportion de leurs perfections, ne les aime pas toutes également, quoi qu'infiniment. Vous ſçavez, Monſieur, qu'entre les Idées intelligibles que la ſageſſe de Dieu renferme, il y a deux ſortes de raports, des raports de grandeur, & des raports de perfection ; que les raports de grandeur ſe trouvent entre les Idées des Etres de même nature ; & que ceux de perfection ſont entre les Idées des Etres, ou des maniéres d'Etre, de differente nature : Et puiſque Dieu voit, que l'eſprit eſt plus parfait que le corps, & qu'il ne le peut voir, que dans ſes divines Idées ; il eſt néceſſaire que Dieu qui aime toutes choſes à proportion qu'elles ſont aimables, aime davantage l'archétipe de l'efprit, que celui du corps, quoi qu'il aime tout ce qui eft en lui d'une maniére infiniment parfaite : Car il y a des infinis plus grands les uns que les autres, une infinité de dixaines eft plus grande qu'une infinité d'unités, donc puifque Dieu ne peut fe démentir, & méprifer ce qu'il eft, les différents dégrés de perfection doivent régler les différens dégrés de fon amour, & la fubordination qu'il établit entre fes créatures ; & M. Regis, fe moque affurément du Public, lors qu'il lui dit, *qu'il y auroit en Dieu de la dépendance,* s'il fe confultoit lui-même & l'ordre de fes divines perfections. Certainement, il prononce fur des matiéres qu'il n'entend guere : car il y a contradiction que Dieu agiffe, & qu'il n'agiffe pas felon tout ce qu'il eft, & par l'amour qu'il porte à fes divins attributs. Je vois bien que vous avez de la peine à vous défaire de vos préjugés (*pourroit répondre le Pere Malebranche* * à *Monfieur Regis,)* & à vous empêcher de juger de

Voïez les Meditat. Chrétiennes, Medit. 4. ar. 11.

« « « « «*Med. Ch. p. 338.

» Dieu par vous même, [comme
» vous voudriés bien n'avoir point
» de Loi,] vous craignez d'en don-
» ner une à Dieu, & parce que vous
» préferez la puissance & l'inde-
» pendence, à la sagesse, & à la
» justice ; vous feriez plûtôt Dieu
» injuste & bizarre que de le soû-
» mettre à ses Loix ; mais prenez
» garde lors que Dieu suit la raison,
» lors qu'il obeït à l'ordre, il ne
» suit que sa propre lumiére, il dé-
» meure independant, vôtre sagesse
» & vôtre raison n'est pàs vôtre pro-
» pre substance : Vous n'êtes pas
» vôtre lumiére à vous-même, mais
» comme le Verbe est consubstantiel
» à son Pere, LA RAISON, LA
» SAGESSE, L'ORDRE, LA
» LOI DE DIEU, C'EST SA
» PROPRE SUBSTANCE, DE
» SORTE, QU'IL SE SOUMET
» A SES LOIX ET D'EMEURE
» ABSOLU, ET INDEPENDANT.
Je prie le Lecteur de consulter
l'endroit des Meditations Chrétiennes du Pere Malebranche, que
je lui designe, ou plûtôt de lire
la quatriéme Meditation ; & d'e-

xaminer ensuite la Métaphisique de Monsieur Regis page 92. je suis persuadé qu'il sera surpris de ce que Monsieur Regis est capable de faire dans *des pareilles rencontres.*

Les sixiémes reflexions de Monsieur Regis , contiennent une division de la cause efficiente , en efficiente prémiére , & efficiente seconde. (*L'efficiente seconde,* dit-il *, est celle , qui agit par la vertu d'une autre.*) Il seroit à souhaiter que ce Philosophe qui s'est si fortement déclaré contre les volontez générales , & les causes ocasionelles , se fut expliqué clairement, par raport au sentiment qu'il a touchant la maniére avec laquelle Dieu communique sa puissance à ses créatures , & qu'il nous eût apris la raison pourquoi Dieu se sert , par exemple, du choc des corps , & de la volonté des intelligences , pour operer toutes les merveilles de l'Univers. Je ne pense pas qu'il donne dans l'opinion du concours simultanée , il semble même qu'il refute une semblable chimére : Et comme il fronde la

Systéme
Metap.
p. 109.

Metap.
pag. 92.
P. 110.
art. 3.

cauſe générale , & les cauſes oc-
caſionelles par tout où il les ren-
contre : Quoique ce Syſtéme ne
ſoit pas tel qu'il l'explique ; il
ne peut qu'il ne ſoit reduit à nous
dire , que Dieu ſe ſert de ſes créatures comme d'inſtrumens , pour
produire cette varieté de changemens , qui font la beauté de la
Nature ; C'eſt auſſi ce qu'il nous

Metap.
p. 125.

aprend en ces termes. (*Ie ſuis obli-*
gé de reconnoître que les cauſes ſe-
condes n'ont point de cauſalité pro-
pre . . . . Et qu'elles ſont comme
les inſtrumens dont Dieu ſe ſert,
pour modifier l'action par laquelle il
produit ces effets.) Puiſque Monſieur Regis a été obligé de reconnoître , que les cauſes ſecon-
des n'ont point de cauſalité ; c'eſt
mal à propos qu'il les apelle des
cauſes efficientes , il devoit plûtôt
leur donner le nom d'inſtrumenta-

Traité
de la
Nat. &
de la
Grace
art. 11.

les ; quoique dans le fonds , ces
termes ne ſoient pas conformes à
la grande maxime qu'il raporte du
Livre du Pere Malebranche, *Qu'il*
ne faut point ſe conſulter ſoi-même,
quand on veut parler de Dieu exac-

tment. Car enfin , qui dit inftrument , dit quelque chofe qui faci-
lite la peine , & le travail ; or
Dieu fait toutes chofes par l'efficace de fa volonté , fans que rien
lui refifte , donc il n'a pas befoin
d'inftrument (*pour modifier fon action.*) Si les créatures avoient
quelque pouvoir qui leur fut propre , je veux dire , s'il y avoit
un raport néceffaire entre leur volonté , & ce qu'elles défirent ;
jamais elles ne s'aviferoient de for-
ger d'inftrument pour exécuter leurs
deffeins ; donc rien ne paroît plus
mal fondé que cette maxime de
l'Auteur , (*Que les créatures font
d'inftrumens dont Dieu fe fert pour
modifier fon action.*) Il me femble,
que cette modification d'action ne
convient pas trop à Dieu : Mais
je ne m'arrête pas à cette difficulté , & j'en paffe une infinité d'autres ; car je ne veux pas entrer
dans le détail , ni le fuivre pied
à pied. Je viens à l'explication
que ce Philofophe nous donne de
la Nature des vérités éternelles :
(*Elles confiftent ,* dit-il , *dans les*

Voïez
les Me-
dit. Chr.
Med. 5.
6. & 7.

substances que Dieu a créées entant que l'ame considere les substances d'une certaine maniére, & qu'elle les compare suivant les differens raports qu'elles ont les unes avec les autres.)

M.Regis confond les raports qui sont entre les Idées avec les perceptions de ces Idées, car les raports sont la forme des verités, & ce qu'il appelle l'action de l'esprit est la perception, il est necessaire de lire la page 178. & 179. de la Met.

Monsieur Regis s'expliqueroit mieux, & parleroit plus clairement, s'il disoit que les vérités éternelles sont des raports qui se trouvent entre les Idées, & non pas entre les substances, que Dieu a créées ; Car est-ce qu'avant la production du tems, il n'y avoit point de verités ? Est - ce que Dieu même n'a pas vû de toute éternité, que si deux raports sont égaux a un troisiéme, ils sont égaux entre-eux, & une infinité d'autres verités. Que si cela est, comme Monsieur Regis n'en sçauroit disconvenir, le sentiment qu'il a touchant les verités éternelles est evidemment faux : Et je ne vois pas, que des substances qui ne sont pas intelligibles, puissent être le fondement * des

* Il me semble que fondement est mieux dit, que matiére, voïez la Met. p.178. Lisez ensuite les Meditations Chrétiennes du P.Malebr.Med.4.

verités que l'esprit seul peut contempler ; car qu'elles éxistent,
ou qu'elles n'éxistent pas, ces substances, tout esprit peut voir, par
exemple, que quand les sinus sont
égaux , les sinus verses le sont
aussi : Que tout angle compris entre une tangente & une corde , a
pour mesure la moitié de l'arc ,
qui est soûtenu par cette corde du
côté de la tangente : Et quand
il n'y auroit que Dieu, & moi je
pourrois contempler la plûpart de
ces verités qu'on appelle nécessaires, & immuables. Donc elles ne
dépendent pas des Etres créés. Il
n'est pas possible de s'expliquer
plus clairement, touchant la Nature des verités éternelles, que le
fait le P. MALEBRANCHE dans
ses Méditations Chrétiennes. Voici son sentiment, vous le trouve-
rés plus solide que tout ce que
Monsieur Regis dit dans sa Métaphisique. C'est la verité qui parle à l'esprit, qui l'interroge.

Tous les raports se reduisent à « V. la
trois genres , aux raports entre les « Medit.
Etres créés , aux raports entre les « 4.ar.5.

» Idées intelligibles, & aux raports
» entre les Etres, & leurs Idées ;
» Mais comme je renferme seule-
» ment en ma substance, les Idées
» purement intelligibles, il n'y a
» que les raports qui font entre ces
» Idées, qui foient des vérités éter-
» nelles, immuables, nécessaires. Le
» raport d'égalité entre deux fois
» deux & quatre, est une vérité éter-
» nelle, immuable, nécessaire : Mais
» les raports qui font entre les Etres
» créés, ou entre ces Etres, & leurs
» Idées, n'ont pû commencer avant
» que ces Etres fussent produits ; car
» il n'y a point de raport entre les
» chofes qui ne font pas. Un néant
» confideré comme tel, ne peut être
» double, ou triple d'un autre néant;
» ni même lui être pofitivement égal.

Il ne suffit pas, Monfieur, d'a-
voir démontré que les substances,
que Dieu a créées, ne font d'aucune utilité pour les vérités immuables ; il faut que je prouve
encore qu'elles font éternelles, &
auffi éternelles que Dieu même.
Monfieur Regis est un Auteur fort
particulier dans fa maniére de refuter

futer les fentimens des Philofophes, qui ne penfent pas comme
lui : car il ne fe contente pas
d'expofer fes opinions particulieres, fans en donner le plus fouvent aucune preuve, il laiffe fans
réponfe toutes les raifons qui
les renverfent de fonds en comble.
L'Auteur de la Recherche de la
Vérité a démontré en plufieurs
endroits de fes Ouvrages, que les
vérités numériques, Géometriques, & Métaphifiques ne font
pas telles par les décrets arbitraires de Dieu. Monfieur Regis re-
nouvelle le fentiment contraire ;
& au lieu de refuter les raifons
qui l'incommodent, il s'amufe à
expliquer la caufe *matériele*, *for-
mele*, *& efficiente* des vérités immuables. Il faut lui démontrer en
peu de mots & fuivant les principes du P. MALEBRANCHE,
que les verités qu'il appelle perpetuelles, font effentiellement in-
dépendentes des volontez arbitraires du Créateur.

Dieu renferme dans fa fimplicité, les Idées de tous les Etres,

Re-
cherche
de la
Verité.
Eclair-
ciffemét
fur la
Nature
des
Idées.

V

& de tous les nombres, comme le dit Saint Auguſtin. Il eſt certain, que ces Idées ne dépendent pas des volontez arbitraires de l'Etre infiniment parfait. CUM ESSEN-TIA DEI HABEAT IN SB QUIQUID PERFECTIONIS HABET ESSENTA CUJUS-CUMQUE REI. Donc, puiſque les veritez ne ſont que des ra-ports, & que les raports ſont in-ſéparables des Idées, qui en ſont le fondement, il eſt évident, que les Idées étant éternelles, leurs raports le doivent étre auſſi. Il me ſemble que mon raiſonnement eſt exact, & qu'on ne ſçauroit le conteſter dans aucune de ſes par-ties. Donc, les veritez néceſſaires ſont éternelles, & quant à leurs fondemens qui ſont les Idées, & quant à leur forme, qui ſont les raports.

Il ſeroit à ſouhaiter que Mon-ſieur Regis nous donna quelque choſe de plus intelligible que tout ce qu'il a debité juſques ici ſur le Chapitre des Idées. Le Pere Male-branche lui a marqué clairement dans la réponse qu'il lui a donné, ce qu'il doit faire pour renverser ses sentimens touchant la nature des Idées. Il lui a démontré que l'ame n'a pas assez de réalité pour contenir l'Idée de l'infini. Qu'il ne nous répete pas les mêmes pauvretez qu'on a trouvé dans sa réponse à M. DAVRANCHEZ, cela ne satisfera pas les Personnes intelligentes, & qui sçavent certainement que la modification d'une substance finie, telle qu'est nôtre ame, n'a pas assez de réalité, & d'étenduë pour representer l'infini. Ainsi, si nous en avons l'Idée, il doit être lui-même present à nôtre esprit malgré la *fameuse* analise *du quatorzième Chapitre du Systême Métaphysique.*

Vous sçavez, Monsieur, que je prétends qu'elle n'est pas exacte, & qu'elle enferme une consequence fort dangereuse. Voici le Texte de Monsieur Regis & mes raisons.

Il s'agit de l'union des intelligences avec la raison universelle.

Syſtem.
Mec.
p. 185.

L'union de Dieu avec l'ame ne peut reſſembler à celle de deux corps, parce que deux corps ſont unis par leur mutuel contaɛt, & tout conταɛt ſe fait en la ſuperficie, laquelle ne convient ni à Dieu, ni à l'ame. Il faut étrangement aimer à diſcourir pour faire des diſcours ſi inutiles. *Elle ne reſſemble pas non plus à l'union de deux eſprits, parce que cette union conſiſte dans la mutuelle dépendance des penſées ou des volontez de ces eſprits....* Il y a quantité d'équivoques dans cette ſeconde partie analytique qui renferment beaucoup de fauſſetez, *Elle ne reſſemble pas enfin à l'union d'un corps, & d'un eſprit, donc Dieu n'eſt pas uni à l'ame.* Je le penſe bien, Monſieur ; il n'y eſt pas uni d'une maniere ſi groſſiere : ni ſi imparfaite. : *ou s'il y eſt uni, cette union reſſemble à celle qui ſe trouve entre la cauſe, & ſon effet, qui eſt telle, que l'effet dépend de la cauſe ; mais la cauſe ne dépend pas de l'effet. C'eſt pourquoi ſi Dieu eſt uni à l'ame, ce n'eſt qu'entant qui la créée... & qu'il produit en elle*

toutes ſes idées , & toutes ſes ſenſations en qualité de cauſe premiere.
Voilà, Monſieur, l'analyſe de l'Auteur ; voici ma premiere réponſe.
Je vous prie de remarquer , que
toutes les créatures ſont unies à la
puiſſance de Dieu, parce que c'eſt
d'elle qu'elles tiennent tout ce
qu'elles ſont ; leurs ſubſtances, &
leur modifications. Mais toutes
ne ſont pas unies à ſa ſageſſe , il
n'y a que les Intelligences qui
ſoient capables d'un ſi grand bien,
il n'y a qu'elles qui participent à
la ſcience de Dieu même , & qui
ſoient pénétrées de ſes divines lu-
mieres. Ainſi lorſque Monſieur
Regis met en avant, que les eſprits
ne peuvent être unis à Dieu qu'entant qu'il les conſerve , qu'il
produit en eux leurs ſenſations, &
leurs idées , il ſe trompe , ils y
ſont unis beaucoup plus intime-
ment. Comment donc ? C'eſt que
Dieu ſans avoir beſoin de produire de nouvelles idées manifeſte aux
Intelligences , les mêmes qu'il
poſſede eſſentiellement ; c'eſt qu'il
les pénétre de ſes plus vives lu-

mieres en consequence de leur attention ; c'est enfin qu'il les nourrit de sa propre substance, qui seule est la lumiere, la force & la santé des esprits, & hors de laquelle les plus sublimes intelligences ne font que foiblesse, & que ténébres. Voilà, Monsieur, en quoi consiste l'union des esprits avec la raison universelle, cette presence de la sagesse de Dieu ne renferme aucune imperfection de sa part, & donne aux créatures intelligentes toute la perfection qu'elles possedent. Mais parce que l'Auteur du Systéme paroit étrangement prevenu, que toute union réelle & physique enferme une mutuelle dépendance, il faut qu'il cherche la réponse, qu'il donneroit à un Socinien, lequel suivant les principes metaphysiques lui prouveroit que l'ame de JESUS-CHRIST n'est pas unie réellement, & physiquement au Verbe. *L'union de cette sainte ame ne ressemble pas à celle de deux corps, ni à celle de deux esprits, parce qu'elle enferme une dependence reci-*

proque ; donc *si elle y est unie, ce ne
peut être qu'entant que le Verbe l'a
créée qu'il la conserve, & qu'il produit toutes ses idées, & ses sensations.* Donc l'ame de J e s u s-
C h r i s t n'est pas éclairée de
la propre lumiere du Verbe ; elle ne contemple pas ses divines idées ; & puisque, selon vos
principes, toute union qui ne renferme pas une *dependance recipro-
que n'est pas physique, mais morale,*
le Verbe n'est pas uni à l'ame de
J e s u s - C h r i s t, car le Verbe
n'en dépend pas ; ou s'il y est uni,
ce n'est que moralement, comme
le soûtenoit Nestorius. Il me paroît évident, que Monsieur Regis
ne sçauroit se tirer de cet embarras, qu'en renonçant à sa prétenduë division, & en avoüant en
même tems qu'outre ces differentes unions, dont il parle dans son
chap. 14. il y en a une autre, dont
il ne s'est pas aperçû, qui est
plus intime & plus essentiele à nôtre ame, que celle qu'elle a avec
son corps.

Au reste si Monsieur Regis pré-

Metaph.
p. 123.

Voyez
la pref.
de la
Rech. de
la Veri-
té.

Y iiij

tend que le Verbe soit dépendant de l'ame sainte de Jesus-Christ, qu'il nous marque en quoi consiste cette dépendance, cela sera encore plus court, & ne démontrera pas mal l'inutilité de son analyse. Voici encore quelques méprises de cet Auteur. Mais pour dissiper les ténébres qu'il répand sur ce qu'il n'entend pas : souvenez - vous, Monsieur, que le Pere Malebranche démontre dans ses Ouvrages, que Dieu exécute ordinairement les desseins de sa Providence par des loix generales, & que ces loix ne sont autre chose qu'un petit nombre de volontez, qui sont appellées generales, tant parce que leur efficace produit une infinité de merveilles dans la nature, que parce qu'elles ne deviennent pratiques qu'ensuite de quelques changemens qui arrivent dans les creatures ; non que ces changemens fassent naître en Dieu *quelque nouveau dessein*, & qu'ils l'obligent à produire certaines choses pour lesquelles il n'avoit qu'une volonté *indeterminée*, avant

metaph. p. 91.

ces changemens ; c'eſt là le phan-
tôme que Monſieur Regis combat dans ſa metaphyſique. Dieu a
établi certaines loix generales,
plûtôt que d'autres ; parce qu'il y
a entre-elles, & les effets qui en
ſont des ſuite , une proportion di-
gne des attributs divins , parce
qu'étant tres-ſimples, elles produiſent dans l'univers mille & mille beautez , & par une infinité
d'autres raiſons qu'on peut voir
dans les Rép_nſes du P. Malebranche à M. Arnaud.

Il eſt donc tout à fait étrange,
que Monſieur Regis prenne l'é-
change d'une maniere ſi groſſiere,
qu'il nous diſe que les cauſes oc-
caſionnelles donnent à Dieu quelque nouveau deſſein, & qu'il n'ait
qu'une volonté generale, c'eſt à
dire , *indeterminée* , comme l'entend l'Auteur, pour tous les effets
qui ſont dignes de la ſageſſe &
de ſa bonté. Dieu produit une
certaine quantité de mouvement
dans le monde ; les corps s'entre-
choquent, il les meut par une volonté generale, ſelon la propor-

Syſtem.
Met.
p. 110.

V. les
loix des
comm.
des
mouv.
du P.M.

Y v

tion de la force du choc, & par
là, il conserve le monde, tel que
nous le voïons, par des voïes
parfaitement dignes de lui, par des
voïes tres-simples, uniformes, &
constantes. De même Dieu par sa
qualité de scrutateur des cœurs
prévoit que les desirs de certaines intelligences lui donneront
occasion de conserver & de diriger
une portion de matiere organisée,
qu'on appelle *corps*, de la conserver, dis-je, par l'application d'une
volonté générale, & que recipro-
quement, les mouvemens de ce
corps lui donneront encore occasion de produire dans ces intelligences une infinité de differens
sentimens, qui pourront faire la
matiere de leurs merites, si elles
sont animées de la grace de Jesus-
Christ; de leurs merites, dis-
je, qui doivent faire toute la beauté du Temple éternel que Jesus-
Christ élevé à la gloire de son
Pere. Assurément Dieu, qui n'a-
git que par l'amour qu'il porte à
ses divins attributs doit preferer
ces loix tres-simples, ces loix uni-

verfelles, uniformes, & conſtan-
tes à d'autres plus compoſées , qui
feroient particulieres,& qui ne por-
teroient pas le caractere de ſon
immutabilité, ni de ſa ſageſſe,&c.
Il me ſemble qu'il n'y a pas là
grand myſtére, & tout ce qui arrive dans la nature, & ce que la
foi nous apprend de celui de la
grace confirme cette importante
verité , que Dieu agit ordinairement par des volontez générales ;
c'eſt par de telles volontez qu'il „
fait cette viciſſitude admirable de „
la nuit & du jour, de l'été & de „
l'hiver , de la pluïe , & du beau „
tems. C'eſt même par elles qu'il „
couvre la terre de fruits & de „
fleurs, & qu'il donne aux animaux „
& aux plantes leur accroiſſement, „
& leur nourriture. „

L'experience nous aprend , que „
Dieu gouverne les hommes par les „
loix générales de l'union de l'ame „
& du corps. Car non ſeulement „
il unit par ces loix l'eſprit au „
corps pour la conſervation de la „
vie ; il le répand mêmes par elles „
dans tous ſes ouvrages , & lui en „

Y vj

,, fait admirer les beautez ; c'est par
,, elle qu'il forme les societez , &
,, qu'il ne fait, pour ainſi dire,qu'un
,, ſeul corps de tout un peuple. C'eſt
,, par elles qu'il aprend aux hoi-
,, mes les veritez de la Religion, &
,, de la Morale , c'eſt enfin par de
* telles loix qu'il ſanctifie les élûs,
& qu'il leur fait meriter tous ces
degrez de gloire,qui font la beauté de la celeſte Jeruſalem. Monſieur, qui certainement a lû le premier diſcours du Traité de la *Na-*
ture & de la Grace du P. Malebranche, devoit s'inſtruire des ſentimens qu'il prend de travers , il
ſe ſeroit épargné la peine d'écrire
le diſcours ſuivant , qui certainement n'attaque pas la Philoſophe
qu'il a en vûe. *Je ne dirai pas non*
plus que Dieu agit par des volon-
tez generales , ni par des volontez
particulieres , parce que ces deux
ſortes de volontez ne peuvent con-
venir à un être parfait : en effet , ſi
Dieu agiſſoit par des volontez gene-
rales , ces volontez conſiſteroient ou
en ce qu'il ne voudroit les choſes
qu'au regard du general ſans deſ-

*Je par-
le de
l'ordre
de la
Grace.

Syſt.
Mer.
p.92.

tendre au particulier, comme un Roi gouverne un Roïaume par des loix generales, n'ayant pas la puiſ-ſancé de conduire lui - même chaque ſujet : Le Roi n'a que faire là ; on a dit cent fois que Dieu fait tout ; & qu'il n'agit pas comme les Rois de la Terre ; il pourvoit à tout ; mais c'eſt en ſuivant preſque toû-jours ſes loix generales, afin que ſa conduite porte le caractere de ſa ſageſſe. Aprés ce qu'il s'eſt paſ-ſé entre Monſieur Arnauld, & le P. Malebranche, Monſieur Regis devoit ſe taire, ou nous dire quel-que choſe de plus fort. Il conti-nuë pourtant du même ton qu'il a commencé. *Ou bien elles conſiſ-teroient en ce qu'il ne voudroit au-cune choſe qu'il n'y fut déterminé par quelque agent particulier.* Cela eſt vray en un ſens, & faux dans l'autre, qui eſt celui de Monſieur Regis. Les volontez generales ne deviennent jamais pratiques qu'il n'arrive quelque changement dans les creatures. Mais c'eſt parce que Dieu veut agir lui - même de cette maniere, & qu'il a prevû par ſa

V. la Rep. an. r. Volum. Des reſt. Philoſ. de M. Arnaud, p. 79. &c.

qualité de Scrutateur des cœurs, & par sa prescience infinie qu'en attendant, pour ainsi dire, les changemens des créatures, afin de rendre ses volontez efficaces, il executeroit divinement les desseins de sa Providence, qu'il a prevû, & qu'il a voulu, puisque c'est à cause de telles & de telles suites que Dieu a choisi certaines loix générales preferablement à d'autres. *Or Dieu ne peut avoir des volontez generales au premier sens,* cela est évident, & personne ne le conteste, par la raison de Monsieur Regis, *qu'il y auroit en Dieu une impuissance. Il ne peut pas non plus en avoir au second sens ; parce que ces volontez générales seroient de soi indeterminées....* Je viens de faire voir la faussèté de cette raison. Prenez la peine de lire l'article 3. de la pag. 110. Monsieur Regis en veut encore au P. M. si je ne me trompe. Car il y fait main basse aux causes *efficientes* occasionnelles, & il y repete les mêmes broüilleries.

Les volontez générales ont

néanmoins des suites fâcheuses, le
Monde n'a pas toute la perfection
qu'il pourroit avoir, il y a des défauts, il contient des monstres qui
frapent les plus stupides , & les
plus grossiers. Des défauts, dis-je,
& des monstres, que Dieu ne veut
point positivement , & directement , car un Monde composé de
creatures à qui rien ne manque de
ce qu'elles doivent avoir , seroit
plus parfait qu'un monde rempli
de monstres , & de quantité d'ê-
tres, qui n'ont point ce que la
raison nous aprend qu'ils doivent avoir pour leur conservation.
Que Monsieur Regis fasse valoir
les principes de sa Metaphysique ;
il s'agit de faire taire les libertins,
qui disent sans cesse , que tout se
fait au hazard, que si Dieu se mé-
loit de ce qui se passe ici bas , on
ne verroit pas l'injustice sur le trô-
ne, l'innocence opprimée , & le
nombre des méchans ne seroit
pas plus grand que celui des gens
de bien. Si le Systême Metaphysique justifie la sagesse, & la bonté
de Dieu , par raport à ce grand

Voïez les pages 261. 262. &c. de la Rép. au premier volume des Reflex. de M. A.

nombre de défauts que nous remarquons dans le monde ; assurément il doit passer pour solide ; mais si Monsieur Regis au lieu de délier le nœud, le coupe ; je veux dire, s'il soûtient, comme il fait, que Dieu veut positivement toutes ces irregularitez, & tous ces monstres affreux ; assurément rien ne doit paroître plus foible & plus sterile que ses principes metaphysiques ; car ils ne peuvent être bons à rien pour la Religion, parce qu'ils donnent à Dieu des desseins qui font horreur aux Heretiques mêmes. Mais quoi ! dit Monsieur Regis, *il ne sert rien de dire, que Dieu produit à la verité des monstres ; quoi qu'il voudroit bien qu'il n'y en eut pas, mais qu'il est obligé d'en produire, pour satisfaire à la simplicité des loix de la nature. Car nous répondons, que les loix de la nature ne font point differentes de la volonté de Dieu. Et si l'on dit, que Dieu fait des choses en suivant les loix de la nature, qu'il voudroit ne pas faire ; Nous répondons encore, que c'est proprement*

Tom. 3.
p. 29.
ar. 9.

Ibid.

aſſurer que la volonté de Dieu eſt contraire à elle même. De ſorte que s'il en faut croire à Monſieur Regis , Dieu ne permet rien dans le monde ; il veut directement & poſitivement toutes les impietez & tous les deſordres que nous voïons arriver tous les jours. Parce qu'autrement *la volonté de Dieu ſeroit contraire à elle-même.* Mais où eſt l'équité & l'intelligence , ſi neceſſaire aux Critiques , répondrai-je à M. Regis ? Dieu fait les monſtres en ſuivant les loix de la nature , cela eſt vray ; car il n'y a que Dieu qui poſſede en propre la veritable puiſſance , comme le démontre le P. Malebranche ; mais cet Auteur nous dit , *que Dieu ne voudroit pas qu'il y eut des monſtres;* comment donc Monſieur Regis penſe-il, que ſelon ce Philoſophe, Dieu ſe répente de cette volonté qui fait l'ordre de la nature , & dont l'éficace produit les monſtres. Aſſurément il ſe trompe , & il ne prend nullement ſon ſens ; Dieu ne voudroit point qu'il y eut des monſtres , c'eſt à dire , (voici ſes propres paroles, elles sont extraites d'un livre que Monsieur Regis a lû, & elles sont beaucoup plus conformes à l'idée vaste, & immense de l'Etre infiniment parfait que tout ce qu'on nous dit) *Dieu ne veut point que les enfans perissent dans le sein de leurs meres. Il n'aime point les monstres. Il n'a point fait les loix de la nature pour les engendrer, & s'il avoit pû par des voïes aussi simples faire & conserver un monde plus parfait, il n'auroit point établi des loix dont un si grand nombre de monstres sont des suites necessaires : mais il auroit été indigne de sa sagesse de multiplier ses volontez pour empêcher certains desordres particuliers.* Voilà en quel sens Dieu ne veut point les desordres de l'Univers, & qu'il les permet, c'est que son dessein dans l'établissement de ses loix n'a pas été de les produire.

J'ay, si je ne me trompe, assez justifié les sentimens de l'Auteur de la Recherche de la Verité pour ce qui regarde la Metaphysique. Mais côme Monsieur Regis nous avertit

Traité de la nature & de la Grace, ar. 22.

Voïez les Meditat. Chrêt. Medit. 7.

que la maniere dont il traite la
Morale est bien differente de celle de ce Philosophe, voïons si elle se soûtient aussi bien que sa Metaphysique. Je ne prétens toucher
qu'à un point qui est exposé dans
l'Avertissement; car je n'ai ni le
loisir, ni la force de le suivre dans
ses reflexions morales. Voici donc
dequoi il s'agit. *C'est à la Meta-*
physique & non à la Morale, dit
Monsieur Regis, à prouver qu'il n'y
a que Dieu qui puisse rendre les
hommes heureux, qu'il est l'auteur
du plaisir & de la douleur... Mais il
seroit aisé de faire voir, qu'on peut
avoir une parfaite connoissance de
toutes ces choses, & neanmoins igno-
rer ces devoirs... Et moi je soûtiens,
qu'il est impossible qu'on sache
exactement toutes ces choses, &
qu'on ait une parfaite connoissance
de ces importantes veritez; savoir,
qu'il n'y a que Dieu qui puisse rendre les hommes heureux ou malheureux, & qu'il est l'auteur du
plaisir & de la douleur, & igno-
rer ces devoirs. Le fondement de la
Morale chrêtienne c'est d'aimer le
Seigneur nôtre Dieu de tout nôtre

Tom. 3. p. 397.

* Je parle de l'amour d'union.

cœur, & de toutes nos forces ; *
or l'amour qui eſt un de nos principaux devoirs, n'a raport qu'à la
puiſſance de Dieu ; Donc il ſupoſe, que l'eſprit forme ce jugement que Dieu ſeul eſt la cauſe
de la durée de nôtre Etre, & qu'il
produït en nous toutes nos ſenſations.

Lors qu'en penſant à Dieu, on
ne voit encore qu'une réalité, ou
une perfection infinie, on reconnoît bien que l'ordre veut qu'on
eſtime Dieu infiniment. Mais de
cela ſeul on ne juge pas neceſſairement qu'il faille lui rendre les
devoirs d'amour & de crainte ;
Dieu conſideré en lui-même, &
ſans raport à nous, n'éxcite point
les mouvemens de l'ame, qui la
tranſportent vers le bien, ou vers
la cauſe de ſon bonheur ; cela eſt
évident, & je pourrois le démontrer par mille endroits de l'Ecriture, dans leſquels on voit que
les motifs d'aimer & de craindre
Dieu, ſont fondez ſur la puiſſance qu'il a de nous rendre heureux,
ou malheureux, & qu'il eſt l'Au-

Traité de Mo- rale de l'Auteur de la Rech. de la Veri- té. 2. p. ch.15.

teur de nôtre plaisir & de nôtre douleur : Donc, ce principe apartient à la Morale, & les Philosophes qui le prennent pour le fondement de celle qu'ils ont donné au Public, nous instruisent beaucoup plus solidement de nos devoirs envers Dieu, que tout ce galimathias qu'on lit dans la derniere partie du Systéme Philosophique. Mais quoi ! ces principes apartiennent à la Métaphisique. Je le veux, c'est que la Métaphisique est une Science générale, qui fournit abondamment à presque toutes les Sciences particuliéres. Que Monsieur Regis y fasse attention : Il ne trouvera pas étrange, que le principal de nos devoirs soit fondé sur ce jugement, que Dieu seul, peut nous rendre heureux, ou malheureux, nous faire sentir du plaisir ou de la douleur.

Il me semble que j'ai exposé assez nettement les principes de l'Auteur de la Recherche de la Verité, & que j'ai fait voir que Monsieur Regis les prend tous de traverſ, qu'il n'entend rien dans ces matiéres, & qu'il ne ſçauroit leur oppoſer rien de ſolide. La réponſe qu'il a donné au petit Livret du Pere Malebranche juſtifie la veri-té/de ce que je dis. Ceux qui voudront s'inſtruire à fonds de la Doctrine de ce grand Homme, doivent lire la Recherche de la Verité, & ſes autres Ouvrages, ſur tout les Entretiens ſur la Métaphiſique ; ils ne manqueront pas d'aprendre l'Intelligence de la plûpart des veritéſ que la Foi nous enſeigne. Cette occupation devroit être celle de tous les Hommes, qui ont quelque amour pour leur Religion : Et je ne vois pas pourquoi certaines Gens que vous connoiſſez, trouvent tant étrange, & deſaprouvent même cette maniére de Philoſopher, dont Monſieur Deſcartes a jetté quelques fondemens dans ſes Ecrits. C'eſt aparemment qu'ils blaſphement, ce qu'ils ignorent, & qu'étant frapez d'une inſenſibilité terrible pour les vrais biens, eſclaves des mouvemens de leur machine, ſans

le sçavoir, ils n'ont de goût, que
pour ce qui flatte leurs sens, &
pour ce qui les transporte incef-
famment hors d'eux-mêmes. Quelle stupidité !

Je vous prie, Monsieur, de
me dispenser de répondre à l'article qui regarde la grandeur des
Astres, qui razent l'Horison, &
à celui des plaisirs des sens, rien
n'est plus facile que de trouver des
contradictions dans les matiéres
qui nous font inconnuës. Lisez
s'il vous plaît, les Réponses du
Pere Malebranche à Monsieur Regis. Vous verrez qu'il y démontre
évidemment, que la cause de la
grandeur aparente des Astres qui
razent l'Horison, vient de la diftance qui paroît plus grande, lors
qu'ils se levent, que lors qu'ils
font sur le Méridien. J'ai fait moi-
même l'experience du verre enfumé, & je l'ai trouvée conforme
à ce que le Pere Malebranche a
experimenté. J'ai même remarqué,
qu'à mesure que je cachois avec
un corps opaque, les espaces que
j'entrevoïois affez obscurement au

deſſous de mon œil, la grandeur du Soleil diminuoit; & la même choſe n'arrivoit point, lors que j'apliquois la même experience au Soleil dans le Méridien, avec les mêmes circonſtances; car il me paroiſſoit toûjours d'une même grandeur. Néanmoins, comme cette experience qu'on fait avec le verre enfumé, demande une certaine exactitude, faute de quoi on ne réuſſit pas, ſervez vous d'un cornet de papier, qui cache exactement les eſpaces, vous trouverez l'experience, comme le Pere Malebranche la raporte.

Monſieur Regis a de faux principes dans la Phiſique, auſſi-bien que dans la Métaphiſique : car il me paroît évident, que la connoiſſance de la grandeur des objets, *ne dépend pas uniquement de la grandeur de l'image materielle.* Bien des choſes nous paroiſſent inégales, quoi qu'elles forment dans nos yeux des images de même grandeur. J'ai entre les mains des Théſes ſur l'Optique qu'un Savant Mathématicien, pour qui

vous

Syſtême Metap. tom. 3. p. 248.

vous avez toute l'estime qu'il merite , a fait soûtenir il y a quelques mois, elles ne font pas conformes aux principes de Monsieur
Regis , & elles contiennent, si je
ne me trompe, en partie, le sentiment du Pere Malebranche. * M.
Regis prétend que l'éloignement
des objets se doit mesurer par l'angle de vision , & que leur grandeur doit être aperçûë par l'image qui se forme dans le fond de
nos yeux. Il parle de ces deux
moiens , comme *de deux principes
fort differens.* Néanmoins , le Savant Philosophe , dont je viens de
vous parler , assure que ces deux
principes ont un si grand raport
l'un avec l'autre , que la varia-
tion de l'un donne du changement à l'autre..... *Intelligendo
visionis nomine solam imaginem, qua
in oculo pingitur , quam quidem cer-
tissimum est sequi proportionem angulorum.* De sorte, qu'il me paroît évident , que les raisonnemens qu'on fait par raport à l'angle de vision , se peuvent apliquer
à la grandeur de l'image qui se

* Qu'on ne doit pas absolumét juger de la gran-deur des objets par la grãdeur de leurs images. Ibid.

Theses Mathe. page 14.

Z

forme dans nos yeux. Voici donc comme s'explique ce Philosophe.

Communis est Authorum sententia, habetur axiomatis loco, angulum sub quo res qualibet conspicitur esse mensuram apparentis ejus magnitudinis; ita ut quæ sub majori conspiciuntur angulo majora, quæ sub minori, minora, quæ sub æquali, æqualia videantur: confirmaturque effatum illud exemplis innumeris: Sol & Luna videntur æquales, licet hic sit illâ plus quam decies millies major, nempe sub æquali uterque radiant angulo, &c.

Tamen cum illo axiomate etiam sit consequens vix ullum objectum conspici cum eâ quam habet figurâ ad examen vocandum axioma censuimus; neque enim hæc charta quam habes præ oculis tibi aparebit parallelogramma, cum latus ejus quod remotius est longe sub minori videatur angulo, quam quod propinquius; neque hæc quam legis linea debet tibi æqualis conspici reliquis, quæ multo minorem efficiunt angulum; atque adeo minorem habent in oculo imaginem. Adde

quod tibi per foramen aliquod prof-
picienti nihil poterit apparere ipfo
foramine majus , quandoquidem ,
nihil poterit fub majori angulo con-
fpici : unde domus , ager , mons
quæ tota , fub afpeEtum cadunt, non
viderentur majora quàm feneftella
per quam patent , quod quàm falfum fit , dubitabit nemo ; nifi for-
taffe fiat quæftio de nomine , intelligendo vifionis nomine folam imaginem quæ in oculo depingitur , quam
quidem certiffimum eft feqhi proportionem angulorum . . . .
Has igitur regulas refpuimus utpote
nixas principio quod , fi nulla adhi-
bitur reftriEtio , omninò falfum eft ,
& ea problemata quæ tam facile
refolvit Andreas Tacquet l. 1. Opt.
prop. XI. XII. XIII. XIV.
pro invenienda magnitudine rei cu-
jufpiam in alto collocandæ loco eos
decipient fæpe qui ipfa in praxim
adducent. Sic igitur concludendum
arbitrati fumus veritatem axiomatis , & regularum PerfpeEtivæ effe
inconcuffam quoties de diftantia nul-
lus habetur fenfus ; feu quoties res
vifibilis ita in longinquo pofita eft ;

ut quamvis magnis accedas aut re-
cedas intervallis, idem tamen rema-
net oculi aspectantis situs , eadem-
que figura : at quando res ita in
propinquo posita est , ut ejus distan-
tia ritè innotescat , tunc nullum re-
linqui axiomati locum : non enim ex
solà imaginis amplitudine. . . . .
habetur magnitudinum perceptio.
Sine tali distinctione resolves num-
quam cujus appareant magnitudinis
Sol aut Luna , &c.

Je pensois avoir fini ma Réponse à Monsieur Regis , mais un de mes Amis vient de me donner avis , que ce Philosophe au lieu de répondre aux solides raisons , par lesquelles le Pere Malebranche lui démontre , qu'il y a contradiction que nous voïions l'infini ailleurs que dans Dieu même, implore la protection de Monsieur Arnauld , & croit avoir suffisamment satisfait le Public , en le renvoïant à ses décisions , comme si la Réponse à M. Regis avoit quelque raport aux Livres de ce Docteur. Néanmoins , pour lui ôter tout sujet de confiance , il

faut lui expoſer les preuves du
P. M A L E B R A N C H E , & lui
démontrer en peu de mots , qu'on
ne ſçauroit leur opoſer rien de ſolide. Je va donc raporter le Texte
du Pere Malebranche , les Réponſes de M. A R N A U L D , & les
Repliques que je vous communi-
quai il y a quatre ou cinq ans. Les
Perſonnes intelligentes decideront
de la ſolidité de ces raiſonnemens.

Preuves dont ſe ſert le P E R E
M A L E B R A N C H E , *pour dé-*
montrer que nous voïons en Dieu,
l'inſini , & les proprietés de l'é-
tenduë.

L'Eſprit humain peut connoître tous les Etres , & des Etres
infinis... L'eſprit ne voit pas ſeulement , tantôt une choſe , & tantôt une autre ſucceſſivement , il
aperçoit même actuellement l'inſini , quoi qu'il ne le comprenne
pas , ainſi n'étant pas actuellement infini , ni capable de modifications infinies dans le même
tems , il eſt abſolument impoſſible qu'il voïe dans lui - même ce

Répon-
ſe au L.
des
vraïes
& fauſ-
ſes
Idées ,
Ch. 6.

qui n'y eſt pas ; il ne voit donc pas l'eſſence des choſes , en conſide-rant ſes propres perfections ; ou en ſe modifiant diverſement.

Réponſe de M. ARNAULD.

Défenſ-
de M.
Arnaud
p. 48.

JE n'ai jamais dit , ni Monſieur Deſcartes avant moi , que nôtre ame vit l'Etre infini ; où l'Etre par-fait , dans ſes propres perfeſtions , cela ſeroit ridicule : puis qu'il fau-droit pour cela qu'elle fût toute par-faite. J'ai dit ſeulement , comme Deſcartes l'a dit avant moi , qu'elle voit l'Etre infini , ou l'Etre parfait, par la pérception qu'elle en a , ce qui ne pourroit pas être : ſi cette pérception n'étoit repreſentative de l'Etre parfait ; mais ce que l'on peut demander , c'eſt comment n'é-tant point parfaite , elle peut avoir la pérception de l'Etre infini , & Monſieur Deſcartes répond à cela , que c'eſt une preuve de l'exiſtance de l'Etre parfait , de ce que nôtre ame en a la pérception , parce qu'il

p. 49. ſeroit impoſſible qu'elle l'eût d'elle-même , ſi l'Etre parfait n'étoit pas.

Replique.

Laiſſons là M. DESCARTES, il n'eſt pas queſtion de ce qu'il répond ; mais venons à la Réponſe de Monſieur Arnauld : ce Docteur avouë, que nous voïons actuellement l'infini, & que nous le voïons dans la propre ſubſtance de l'ame : Mais il ne veut pas qu'on appelle cette modification repréſentative de l'Etre parfait, une perfection de l'ame, cela ne ſe comprend pas : car on avoit toûjours crû, juſques à Monſieur Arnauld, que les modifications des Etres étoient leur propres perfections formeles. Une certaine modalité de ce Docteur, le fait penſer à l'infini, à l'Etre parfait. Je le veux, mais cet infini à quoi il penſe, cét Etre dont il ne ſauroit apercevoir toutes les perfections, cette réalité de nos Idées que toutes les intelligences enſemble, & Dieu même ne ſçauroient épuiſer, tout cela dis-je, n'eſt que ſon ame de telle & telle façon, ſelon M. Arnauld ; c'eſt ſa

propre ſubſtance , donc c'eſt une
perfection , qui lui apartient , ou
bien les Etres intelligens ſont in-
capables d'en recevoir aucune ; or
la réalité de ces Idées , ce que
contemplent les Géometres , &
ceux qui calculent ſur toutes les
grandeurs , eſt autre choſe que
certaines modifications de nôtre
ame , donc ils ne voient pas toutes
ces choſes dans leurs perfections ,
ou dans leurs modalités. Voilà en
peu de mots le fond de la démonſtration du P. Malebranche , à laquelle Monſieur Regis n'a oſé répondre , parce , dit - il , que Monſieur Arnauld y a ſatisfait : Et que
le Public ſçait bien , ce qu'il *peut*
faire dans des pareilles rencontres ,
qu'il le ſçait , dis - je , par le peu
qu'il lui a donné dans ſon Siſtême
de Philoſophie.

Mais ce que l'on peut demander,
pourſuit Monſieur Arnauld , *Eſt*
comment l'ame n'étant point parfai-
te , elle peut avoir la pérception de
l'Etre infini, & M. Deſcartes ré-
pond à cela , que c'eſt une preuve
de l'éxiſtence de l'Etre parfait de ce

que nôtre ame en a la pérception,
parce qu'il feroit impoffible qu'elle
l'eut d'elle-même, fi l'Etre parfait
n'étoit pas.

C'eft bien cela de quoi il s'agit,
ce détour qui pourra contenter les
Perfonnes du caractére de Monfieur Regis, ne fatisfera pas les
Perfonnes intelligentes : Reprenons ce raifonnement par parties,
pour en voir la folidité. *Monfieur*
Defcartes répond à cela ; Et que
répond-il pour prouver que l'infini
peut être reprefenté par une modalité finie, le voici. *Que c'eft une*
preuve de l'éxiftence de l'Etre par-
fait, de ce que nôtre ame en a la
pérception. Oüi fans doute ? il n'y
a que la prefence de l'infini, qui
puiffe me donner une telle pérception, Monfieur Regis y devroit un
peu penfer, mais fenfuit - il delà,
que parce que j'aperçois l'infini,
la réalité objective de cét Etre,
foit une modification de mon ame.
Pure petition de principe, car c'eft
ce qu'il faudroit prouver, & on
défie M. Regis d'en donner la
moindre preuve du monde. Cela

lui est pourtant fort facile, à lui dis - je, qui se vante d'avoir une Idée de son ame, plus claire qu'il ne l'a de l'étenduë, il sera long-tems à satisfaire le Public là - dessus. *Et quoi qu'il sçache ce qu'il peut faire dans d'autres rencontres,* il me permetra bien de lui dire, qu'il n'a pas encore vû ce qu'il souhaiteroit de voir une démonstration de sa façon, touchant le raport qu'a l'infini avec le fini, l'Etre sans restriction : ou bien l'étenduë intelligible infinie avec une de ses modifications finies. Cela vaudroit mieux que la quadrature du cercle, ou la duplication du cube.

Seconde preuve du P. M.

" Certainement on peut assurer,
" ce que l'on conçoit clairement,
" or on conçoit clairement que l'é-
" tenduë que l'on voit est une chose
" distinguée de soi ; on peut donc
" dire, que cette étenduë n'est point
" une modification de son être, &
" que c'est effectivement quelque
" chose de distingué de soi, &c.

Réponse de M. ARNAULD.

Il avoit à prouver que la pérception d'un quarré, laquelle est certainement une modification de nôtre ame, n'est pas representative de ce quarré, & au lieu de cela il prouve que nôtre ame connoît clairement, que le quarré qu'elle aperçoit, est quelque chose de distingué de soi, & qu'ainsi il ne peut être une de ses modifications. Qui en doute ? Qui a jamais crû qu'un quarré fut une modification de nôtre ame : mais s'en-suit-il de là, que la pérception qu'elle a d'un quarré ne soit pas une de ses modifications, & que cette modification qu'on appelle la pérception d'un quarré, ne soit pas representative du quarré, y eut-il jamais de raisonnement plus misérable ? C'est M. Arnauld qui finit son raisonnement, on le connoît bien.

Replique.

Y eut-il jamais de réponse plus pitoïable, que celle qui ne répond à rien, telle est celle que Monsieur Arnauld vient de prononcer,

il faut qu'il ait la memoire bien
infidele. L'argument du Pere Malebranche revient à peu prés à
celui-ci. L'étenduë à laquelle je
pense, est un objet si vaste, si immense, que je connois certainement, ne pouvoir jamais la mesurer, quelque mouvement que je
donne à mon esprit, or on conçoit qu'une telle étenduë est autre
chose qu'une modification de l'a-
me, donc elle en est distinguée.
Voilà ce que Monsieur Regis ne
sçauroit détruire : Et pour prendre
la fuite plus honnêtement, il ren-
voit aux décisions de M. Arnauld.

* Je ne Assurément, il s'apuïe sur bien *
parle peu de chose, vous venez de le
que des voir, car M. Arnauld raporte l'ar-
répon- gument du P. Malebranche, &
ses dont quand il s'agit d'y répondre, il
il s'agit. le fait éclipser de sa memoire.
Ces défaites sont assurément com-
modes, & on satisfait le Public,
par ce moïen à bien peu de frais :
mais de quelque maniére que M.
Arnauld réponde, M. Regis sera
toûjours paié comptant ; car on
doit juger des grands Hommes,

non de ce qu'ils font, mais de ce qu'ils font capables de faire dans de pareilles rencontres. Néanmoins quoi que la réponse de Monsieur Arnauld n'ait aucun raport à la démonstration du P. Malebranche, il faut en dire un petit mot. Suposé qu'il n'y eut au monde que M. Arnauld, & l'Etre infiniment parfait, & que ce Docteur fut frapé d'une modification représentative d'un quarré, que verroit-il autre chose, lors qu'il tourneroit sa veuë du côté de sa pérception, sinon un quarré ? Or ce quarré ne seroit que son ame de telle & telle façon, donc un quarré, & le quarré intelligible qu'il verroit, seroit une de ses modifications, ce qui ne plait pas à M. Arnauld d'avouër, car *qui a jamais crû*, dit - il, *qu'un quarré fût une modification de nôtre ame.*

Troisiéme preuve du P. M.

Il est évident, que toute moda- “
lité d'un Etre particulier, ne peut “
être générale ; or je pense à un “
cercle en général, la réalité ob- “

» jective de ma pensée est un cer-
» cle en général, donc la réalité
» objective, ou l'Idée de ce cercle,
» ne peut être une modalité parti-
» culiére de mon esprit.

Réponse de M. A R N A U L D.

Pag. 55.   *Ce qu'il voudroit montrer par là,
est incapable d'être prouvé par quelque argument que ce soit, parce
qu'il est si faux qu'un Triangle en
général, ne puisse être représenté
par une modification singuliére de
mon esprit, qu'il est impossible que
cela soit autrement; car un triangle
en général ne peut être ailleurs que
dans nôtre esprit, selon cette maxime commune des Philosophes, universalia sunt tantum in mente, &
il n'est dans nôtre esprit, que par
la perception qu'il a d'un triangle en
général qu'il s'est formée; lors qu'il
a considéré un espace terminé par
trois lignes droites, en faisant abstraction si elles sont toutes trois
égales, ou s'il y en a seulement deux
d'égales, ou si elles sont toutes trois
inégales : Or il n'y a que l'esprit
qui puisse faire ces abstractions, &*

ainsi le triangle en général ne pouvant être dans la nature, il ne sçauroit être qu'objectivement dans l'esprit , c'est à dire , dans la pérception que l'esprit a du triangle en
général : or nôtre esprit ne peut
avoir que de pérceptions singulières , c'est donc dans des pérceptions
singulières , que le triangle en général est objectivement, ainsi je nie la
consequence de cét argument.

Replique.

Il faut avoüer que s'il y en a «Art de
à qui la Logique sert , il y en a «penser
beaucoup à qui elle nuit , & il «p. 249.
faut reconnoître en même tems , «Voïés
qu'il n'y en a point à qui elle «la dé-
nuise davantage , qu'à ceux qui «fense
s'en picquent le plus , & qui af- «de M.
fectent avec plus de vanité de pa- «Arn.
roître bons Logiciens ; car cette «p. 56.
affectation même étant la marque «&c.
d'un esprit bas & peu solide , il
arrive qu'en s'atachant plus à l'é-
corce des regles , qu'au bon sens
qui en est l'ame , ils se portent «
facilement à rejetter comme mau- «
vais des raisonnemens qui sont «
tres-bons , parce qu'ils n'ont pas «

» aſſez de lumiére pour les ajuſter
» aux regles qui ne ſervent qu'à les
» tromper, à cauſe qu'ils ne les com-
» prenent qu'imparfaitement. Pour
» éviter ce défaut, qui ſe reſſent
» beaucoup de cét air de pedanterie ſi
» indigne d'un honnête Homme,
» nous devons plûtôt examiner la
» ſolidité d'un raiſonnement, par la
» lumiére naturelle que par les for-
» mes : & un des moïens d'y réüſſir
» quand nous y trouvons quelque
» difficulté, c'eſt d'en faire d'autres
» ſemblables en differentes maniéres.

M. Arnauld a aparemment oublié ce qu'il aprend aux autres,
dans ſon Art de penſer ; car s'il
trouve quelque difficulté ſur la
forme de l'argument qu'il raporte,
ce qu'il ne develope pas ; il voit
bien que dans le fonds il eſt tres-
ſolide dans toutes ſes parties. M.
Regis a été obligé, & Monſieur
Arnauld lui-même, à parler le langage miſterieux de l'Ecole, pour
parer le coup qu'il porte contre
les modalités repreſentatives ; car
ſi ce que je vois en voïant une
figure en général, n'eſt rien de

particulier, il est évident que la
réalité objective de cette figure,
ne peut être une modification de
mon ame, malgré tout le jargon
de l'Ecole, & les fecondes abftractions de M. Regis.

Mais examinons de plus prés la
Réponfe de Monfieur Arnauld. Ce
Docteur convient avec le P. Malebranche, que l'efprit peut apercevoir un cercle en général, mais
ils ne s'acordent pas touchant l'I-
dée repréfentative de ce cercle.
Monfieur Arnauld prétend qu'une
de fes modalités qu'il appelle *la
pérception* d'un cercle, a affez de
réalité pour lui faire apercevoir un
cercle en général. Le Pere Malebranche foûtient, que puis qu'en
penfant à un cercle en général,
on penfe à un cercle d'un diametre
indeterminé, on ne fçauroit apercevoir une telle figure, que dans
une étenduë infinie, que dans l'archetipe des corps que Dieu renferme, & fur lequel il a créé le
monde matériel. Voilà le fait.
Mais voici le raifonnement de
Monfieur Arnauld. *Un triangle en*

général, ne peut être ailleurs que dans nôtre esprit, selon cette maxime commune des Philosophes, *Universalia sunt tantùm in mente* : Cela veut dire qu'un Etre en général ne sçauroit être fait , & rien davantage : *Et il n'est en nôtre esprit que par la perception qu'il a d'un triangle en général qu'il s'est formé , lors qu'il a consideré un espace terminé par trois lignes droites , en faisant abstraction , si elles sont toutes trois égales , ou si elles sont toutes trois inégales . . . Or il n'y a que l'esprit qui puisse faire ces abstractions, donc un triangle en général ne sçauroit être que dans la perception.*

Réponse.

Lors que l'esprit fait abstraction, si les trois côtés d'un triangle sont égaux , ou inégaux , c'est qu'il cesse de considerer ce triangle particulier, pour porter sa vûë plus loin , je veux dire , sur des lignes d'une grandeur indeterminée , qui bornent un espace indeterminé : c'est-là , ce me semble, ce qu'on appelle faire des abstractions : or lorfque M. Arnauld fait abftraction , fi les trois côtés d'un triangle font égaux , ou inégaux , il faut qu'il détourne fa veuë de ce triangle particulier , pour la porter ailleurs ; qu'il nous dife donc, cu Monfieur Regis, quel eft l'objet de fon efprit , lors qu'il ceffe de confiderer les trois côtés déterminés de quelque efpece de triangle : ce n'eft pas le triangle dont il fait abftraction ; donc il faut que le triangle en général foit une chimere , puifqu'il ne fçauroit trouver aucune réalité objective. Affurément Monfieur Regis juge des chofes Métaphifiques , à la faveur des phantômes de fon imagination : Et comme l'Idée du cercle en général eft purement intelligible, il croit qu'elle eft femblable à une chimére , qu'il fabrique fur fes modifications finies , femblable aux enfans , qui regardent comme un néant tout ce qui ne les frape pas fenfiblement. Voilà les démonftrations du P. Malebranche, *& les foudroïantes Réponfes*, de M. Arnauld , par lefquelles *il a fatis-*

fait à ce que M. Regis devoit au Public. Je crois néanmoins, qu'il eſt mieux de lire les démonſtrations du P. Malebranche, dans ſa Ré-ponſe, au Livre des Vraïes & fauſ-ſes Idées, car M. Arnauld ne les raporte qu'à demi.

Répon-ſe au L. des Vr. & fauſſ. Idées, Ch. 6.

Il faut que je vous parle encore de la ſeconde conſideration, que vous trouverez dans la groſſe dé-fenſe * de M. Arnauld, elle fait le triomphe de ce Docteur, & M. Regis y trouvera aſſurément bien de la ſatisfaction. Car il verra par là, *ce qu'il ſeroit capable de faire dans de ſemblables rencontres.*

* P. 27.

Mais afin qu'on ſçache de quoi il s'agit, voici la Theſe. M. Arnauld ſoûtient qu'il eſt clair, que les per-ceptions des objets en ſont eſſen-tiellement repreſentatives, il en doute ſi peu, qu'il en fait un axiome. Le Pere Malebranche lui répond, qu'il avance ce qui eſt en queſtion ; car il doit prouver ce qu'il prétend. Voici ſes Termes, *qu'il puiſſe avoir la perception d'un quarré, ſans une Idée de ce quarré qui ſoit differente de la modification*

Ibid.

de son esprit ; Ecoutons parler M.
Arnauld. *La seconde consideration
qui peut rendre moins necessaire la
Réplique à cette Réponse, est qu'on
n'a guere besoin de refuter un homme qui dans son Livre même donne
cause gagnée à son adversaire : or
c'est ce que fait l'Auteur de la Réponse aux Idées, en declarant en
plusieurs endroits, que j'ai gagné
mon Procez contre lui, & qu'il n'a
plus rien à dire, si je puis montrer
que les perceptions que nôtre ame a
des objets, sont essentiellement répre-
sentatives de ces objets.*

Ce qu'il dit sur la septiéme définition est fort net. Voici cette septiéme définition ; *ce que j'entends par
des Etres représentatifs, entant que
je les combats comme des entités su-
perfluës, ne sont que ceux que l'on
s'imagine être réellement distinguez
des Idées prises pour des perceptions
...... Car il est clair, à quicon-
que fait reflexion sur son esprit, que
toutes nos perceptions sont essentiellement représentatives.*

Réponse du P. MALEBRANCHE.

„ Vous voïez qu'il ne supose en-
„ core rien moins que ce qui est en
„ question ; car s'il est clair que nos
„ perceptions sont essentiellement
„ representatives, sa proposition a
„ démontrer n'a pas besoin de preu-
„ ves, &c.

Répon-
se au Li-
vre des
Idées,
p. 138.

Monsieur Arnauld prend occasion de cette réponse pour mettre
en poussiere le Pere Malebranche,
car il va démontrer son sentiment
avec autant d'évidence qu'il en
paroit dans cette notion commune, qu'il n'y a point de Tout, qui
ne soit plus grand que sa partie;
& pour cela, il n'a que deux choses
à faire voir ; *L'une que quand nôtre*
esprit aperçoit un nombre , un quar-
ré, &c. ces perceptions sont des mo-
difications de nôtre ame : l'autre,
que ces perceptions qui sont des mo-
difications de nôtre ame sont repre-
sentatives de leurs objets , &c.

Quand une substance demeurant
substantiellement la même est tan-
tôt d'une façon , & tantôt d'une
autre , on appelle ce qui la détermi-

ne à être d'une telle façon plûtôt que d'une autre, maniere d être, &c. Or mon ame demeurant la même, pense quelquefois à un nombre, d'autrefois à son corps, &c. il faut donc que penser à un nombre, à un quarré, &c. soient de maniéres d'Etre… de nôtre ame.

Réponse.

Souvenez-vous, Monsieur, que le P. Malebranche conteste à Monsieur Arnauld, qu'il puisse avoir aucune perception quand il n'a rien qu'il puisse apercevoir, je vous prie d'y faire réfléxion ; & d'avoir cette proposition toûjours presente à l'esprit , car autrement il faudroit la repeter à tous momens. Les perceptions d'un quarré d'un nombre, &c. sont certainement des modifications de nôtre ame ; mais nous ne les avons jamais ces perceptions sans une idée distincte de nôtre ame , & c'est ce que Monsieur Arnauld ne sauroit comprendre ; car vous allez voir dans la suite qu'il supose incessamment ce qui est en question.

Voïez la Rep. au Livre des vraïes & fausses Idées, p. 136. &c.

Monsieur ARNAULD.

On ne peut penser, qu'on ne pense à quelque chose, & penser à rien, c'est ne point penser du tout, c'est à dire, qu'il n'y point de pensée qui n'ait son objet; il s'ensuit de là que toute pensée a essentiellement deux raports, l'un à l'ame qu'elle modifie, l'autre à la chose qu'elle a pour objet.

Réponse.

Comme on ne voit pas les objets qui nous environnent en eux - mêmes, le raport que la perception a avec son objet consiste en ce que nous découvrons dans sa réalité objective, les proprietez dont il est capable : mais Monsieur Arnaud, encore un coup, doit démontrer que la perception puisse avoir ce raport. Que dis-je, il doit faire voir qu'on puisse avoir quelque perception que ce soit, sans une Idée distincte de l'ame. Il a beau s'écrier, *qu'il n'y a point de pensée qui n'ait son objet,* cela est vrai, toute pensée represente quelque chose,

chofe, ou l'ame de telle & telle
façon, ou quelque objet qui eft
au dehors ; mais cette derniere
pensée ne fauroit rien representer, & nous ne fçaurions en avoir
aucune s'il n'y a quelque idée pre-
te à nôtre ame. Je va tranfcrire le
refte du Texte ; mais je n'y répondrai pas, *non, parce que le public fait
bien ce que je fuis capable de faire
dans de pareilles rencontres*, mais
parce que de telles réponfes feroient inutiles, celles que j'ay données fuffifent de refte.

Suite du Texte de M. ARNAULD.

*Or, comme j'ay déja dit, penfer
à un quarré, appercevoir un quarré, & avoir la perception d'un
quarré font la même chofe, donc
nos perceptions ont auffi deux rap-
ports, l'un à l'ame qu'elles modifient,
& l'autre aux chofes qu'elles ont
pour objet, & par conféquent je
n'ai rien dit dans la fixiéme définition qui ne foit clair & évident.* Le
refte du Texte n'eft pas neceffaire,
donc, voici Monfieur Arnauld qui
va triompher, *il n'eft pas plus clair*

que le tout est plus grand que sa partie, qu'il est clair que nos perceptions qu'on ne peut nier être de modifications de nôtre ame sont representatives de leurs objets.

Si l'Auteur du Systéme Philosophique trouve quelque chose de plus fort dans la défense ou dans le Livre des vraïes & fausses Idées, qu'il me le marque, je lui ferai voir, qu'il n'est pas allez bon juge pour décider du different de Monsieur Arnauld avec le Pere Malebranche, & pour en porter un jugement si décisif ; car il paroît allez que les matiéres de Métaphysique ne sont gueres de son ressort, & qu'il n'entend pas trop les sentimens de quantité de Philosophes, dont il se fait honneur dans son Systéme, soit qu'il refute ou qu'il approuve leurs opinions. Je dis ceci en passant, parce qu'il me semble que la Métaphysique de Monsieur Descartes, n'est point tout-à-fait telle qu'on la trouve exposée dans la seconde Partie *du Systéme* de Monsieur Regis, & bien que ce Philosophe

se vente d'avoir suivi la methode
de ce grand Homme, quoique de
tems en tems il refute ses sentimens, pour affecter mal à propos
le caractére d'original; je ne say
si personne la plus corrompuë que
l'Auteur du Systéme Philosophique.

*Les raisons que le P. M. a don-
né de son sentiment touchant la grandeur apparente du Soleil, & de la
Lune dans l'horizon, sont si demonstratives, sur tout à l'égard des personnes qui savent quelque peu de Geo-
metrie, & d'Optique, qu'il seroit difficile d'en donner de plus convaincantes; neanmoins comme ce Philosophe
parle d'une demonstration dans la page 22. de sa Réponse à M. Regis,
& qu'il a crû ne devoir pas exposer,
parce qu'il ne la croit pas fort necessaire pour la justification de son sentiment, peut-être que le Lecteur sera bien aise de la voir. Mon premier dessein n'étoit pas de la rendre
publique; mais l'ayant communi-
quée à un de mes amis qui a quelque goût
pour la Geométrie, il a trouvé à
propos de la donner au public. Le*

Preface du Sistéme. Voïez le Tom. 3. p. 258. Voïez ensuite l'art. 77. de la 3. pag. des princ. de M. Desc.

A a ij

sentiment de M. Regis a si peu de vrai-semblance, & il est même si directement oposé aux experiences que Messieurs de l'Académie ont faites touchant cette matiere, qu'il ne peut tromper que les personnes qui ignorent entierement ces faits. Monsieur CASSINI qui a souvent mesuré le diametre de la Lune sur l'horizon vient de ré'iterer son observation depuis peu, & même en tems de broüillards; si je ne me trompe, il trouve toûjours le diametre de la Lune dans l'horizon plus petit que dans le meridien. Monsieur de la HIRE, qui passe pour un Geométre un peu plus habile & plus exact que M. Regis, a fait lui-même l'experience que M. Regis n'a peut-être pas eu l'adresse de faire, (car il la trouve fausse,) & il convient que lors qu'on cache les espaces avec un rouleau de papier, la grandeur apparante du Soleil dans l'horizon disparoit.

LETTRE

LETTRE

DE

MONSIEUR **

JE vous envoi , Monsieur , la
Démonstration que vous souhai-
tez. C'est une preuve surabondan-
te de la fausseté du sentiment de
Monsieur Regis ; & quoi qu'elle
soit plus composée que celles que
vous avez lûës dans la Réponse
du Pere Malebranche à ce Philosophe , je suis persuadé , que ceux
qui ont quelques principes de Géometrie la trouveront convaincante.

DEMONSTRATION.

Que la Lune étant vûë dans
l'Horison, on doit trouver
son diamétre Perpendicu-
laire plus grand que lors
qu'elle est montée sur
l'Horison, en suposant que
les réfractions se fassent à

la furface * de l'Atmof-
phere , comme dans les
Verres de Lunette.

Le cercle D E K répresente la Terre ; o q s F G la furface de l'Atmofphere , A B le lieu de la Lune lors qu'elle paroît dans l'Horifon ; car alors elle eft fous l'Horifon comme Monfieur Regis en convient. Imaginez-la pourtant extrémément éloignée de la Terre, mais toûjours fous la ligne C A prolongée à l'Infini. L'œil du Spectateur eft dans la ligne C, Z, puifque la ligne C A represente l'Horifon. C'eft dans quelque point de cette ligne C, Z, que les raïons qui compofent l'angle vifuel de la Lune, fe doivent réünir , & non pas fur l'Atmofphere entre o & q, ainfi que Monfieur Regis femble l'infinuër dans fa figure & dans fon raifonnement confus, afin de faire tomber les raïons qui partent du bord inferieur plus obliquement

que ceux qui partent du bord superieur.

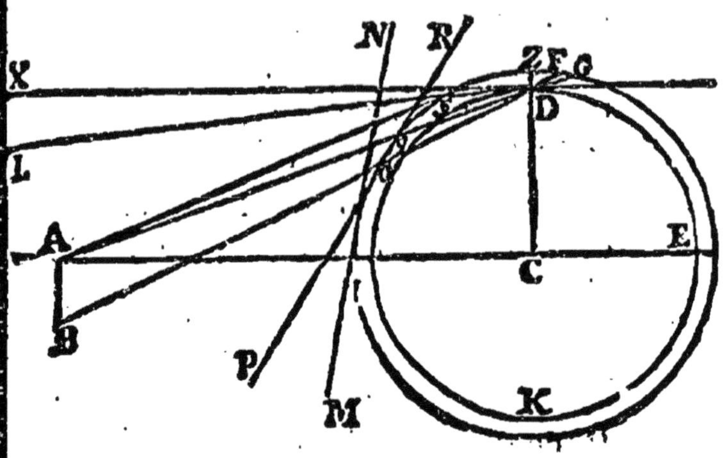

Cela suposé je dis, qu'en quelque point que l'œil soit placé
dans cette ligne au deſſus de C,
les raïons qui s'y réüniſſent, &
qui partent du bord superieur de
la Lune, tombent * plus obliquement ſur la ſurface de l'Atmoſ-
phere, que ceux qui partent du
bord inferieur, & qu'ainſi les
réfractions de cette ſurface devroient augmenter le diamétre
perpendiculaire de la Lune. Supoſons donc, que l'œil ſoit en D,
on doit néanmoins l'imaginer encore beaucoup plus prés du point

* Voïez
la Re-
plique
de M.
Regis
p. 35. &
les ſui-
vantes.

Z , Car le raport de la distance d'ici au centre de la Terre à celle d'ici à la surface de l'Atmosphere, est bien plus grand que de C D à D Z. Mais prenons le point D & tirons de l'extremité A , la ligne A D G rencontrant la surface de l'Atmosphere au point q , & par ce point q , la tangente P q R. Il est évident, que l'Angle A q P est égal à l'angle R q G qui a pour mesure la moitié de l'arc q G. Par la même raison l'angle B O M que fait le raïon inferieur B D avec la tangente M N a pour mesure la moitié de l'arc O F. Or l'arc q G est plus petit que l'arc O F par tout où on prenne le point D , dans la ligne C Z. Donc l'angle d'incidence A q P est plus petit que l'angle B O M, donc le raïon A q du bord superieur tombe plus obliquement sur l'Atmosphere que le raïon B O. Il y souffre donc plus de réfraction. Ainsi afin que les points A & B puissent être vûs, il faut que le raïon qui part du point A & qui vient dans l'œil en D monte

plus haut comme en S , & falle
voir le bord ſuperieur en L. Mais
le raïon du point B ne ſouffrant
pas tant de réfraction , il ne doit
pas pour venir en D monter ſi
haut & couper un arc égal à q s ,
& par conſequent le diamétre perpendiculaire de la Lune , devroit
s'alonger lors qu'elle eſt ſoûs
l'Horiſon. Ce diamétre devroit
paroître à peu prés de même grandeur , que s'il n'y avoit point de
réfraction lors que la ligne D x
parallele à C A diviſeroit ce diamétre par la moitié. Enfin quand
la Lune s'éleveroit au deſſus de
D x , ce même diamétre devroit
diminuër , parce qu'alors l'arc
compris par la ligne tirée du bord
inferieur par le point D ſeroit
plus petit que l'arc compris par la
ligne tirée du bord ſuperieur par
le même point. A l'égard du diamétre Horiſontal de la Lune , on
voit aſſez que les réfractions ,
dans la ſupoſition de Monſieur
Regis , ne peuvent en augmenter
ou diminuër la grandeur d'une
maniére qui s'accorde avec les

A a v

aparences que l'on a, lors que la Lune est vûë en diverses situations; & il seroit inutile de s'arréter à le démontrer. Car la suposition de Monsieur Regis n'a nulle vrai-semblance, & je ne crol pas qu'aucun de ceux qui sçavent mediocrement l'Optique & la Géometrie, puissent douter de la démonstration que le Pere Malebranché a donné dans sa Réponse des diverses aparences de la Lune.

REFUTATION

DES REPLIQUES
de Monsieur R egis

Au P. Malebranche, *par Monsieur* Delelevel.

Monsieur Regis n'ignorant pas qu'aprés avoir gardé long-tems la Refutation de sa Métaphysique & de sa Morale, je m'étois déterminé à la mettre au jour ; & prévoyant bien que je donnois à sa doctrine tous les caractéres qui lui conviennent, il a eu soin de prendre les devans en s'exprimant ainsi dans ses Répliques * au P. Malebranche. *Ie proteste publiquement, que quoi que lui & ses Disciples puissent écrire contre ma Morale & ma Métaphysique, je ne leur répondrai jamais ; tant parce que*

* A la fin, pag. 28.

nos principes font trop éloignez pour pouvoir difputer enfemble, qu'à caufe que je fuis perfuadé que le Public connoîtra bien par ces deux Repliques ce que je ferois capable de faire dans de pareilles rencontres. Voilà au naturel la contenance d'Arlequin, qui vaincroit toûjours s'il vouloit, mais, qui par provifion prend la fuite. Il eft permis à Monfieur Regis de répondre ou de ne répondre pas quand on le preffe. Mais il ne devroit pas oublier le refpect qui eft dû au Public. Si ces maniéres font permifes, il n'y aura point d'extravagance, ni d'impieté qu'un Auteur ne puiffe écrire aprés une fi audacieufe proteftation. *Le Public connoîtra, &c.* Mais que connoîtra-t'il ce Public? Que la Morale & la Métaphyfique de Monfieur Regis font *édifiantes & démontrées.* C'eft donc parce que M. Regis le dit. Je m'en raporte volontiers au Public; & afin qu'on le connoiffe de mieux en mieux, je vais encore éxaminer les Repliques qu'il vient de faire au P. Malebranche

sur deux ou trois questions particulieres. Ce Pere lui a fait une si
courte Réponse que je croi devoir
remplir le vuide qu'il a laissé, pour
contenter M. Regis.

Ie ne m'arréterai point, dit-il
ce Monsieur Regis, * à l'exposition que le P. Malebranche fait de
son sentiment touchant les Idées,
*d'autant que Monsieur Arnauld y a
pleinement satisfait.* Il y auroit bien
des choses à dire sur le jugement
que porte ici Monsieur Regis. *
Peut-étre n'aprouvera-t'on pas
qu'il décide si hardiment sur le
succez d'une affaire où il prend
tant d'interêt. Mais si Monsieur
Arnauld *a satisfait*, quel étoit le
dessein de M. Regis, de venir écrire aprés lui ? Ceux qui se connoir-
sent en Métaphysique ont connu
si Monsieur Arnauld a disputé
heureusement : mais Monsieur Regis est à plaindre d'étre reduit à
chercher la faveur des amis de ce
Docteur. Quand ils souffriroient
son sentiment sur les Idées, ils ne
s'accommoderont jamais de ses
principes de Morale & de Méta-

* Au
commenc.
de la 2.
Repliq.
pag. 17.

* Le P.
M. dans
sa Rép.
donne
des
preuves
toutes
nouvel-
les de
son sen-
timent,
& aus-
quelles
par con-
sequent
M. Arn.
n'a pas
*satis-
fait.*

physique. Et la Religion aura plus de pouvoir sur eux que le préjugé.

P. 18.   Voici Monsieur Regis qui répliqué à l'art. 15. de la Réponse. *Le Pere Malebranche a dit, que je devois faire voir, ou que le dénombrement qu'il fait de toutes les maniéres dont nous pouvons voir les corps, n'étoit pas parfait, ou que les preuves qu'il a données de la véritable maniére de voir les corps étoient fausses.*

Premier détour de M. Regis. Il n'a pû, dit-il, combatre les preuves, par lesquelles le P. Malebranche a prétendu faire exclusion de la véritable maniére de voir les

Pag. 17. corps qui est *que Dieu produit nos Idées toutes les fois que nous pensons à quelque objet* ; Parce que le P. M. a ômis ces preuves.

Réponse.

Qu'on se donne la peine de lire le Chapitre cité , on verra que les Idées que Dieu produit à tous momens , & celles qui sont créées avec nous , y sont éga-

lement réfutées, les mêmes raisons
fervant à la réfutation des unes &
des autres. Mais il faut remarquer,
que lors que le P. M. dit, que Dieu
ne produit pas nos Idées , toutes
les fois que nous penfons à quelque objet , il n'a en vûë que l'o-
pinion de ceux qui croïent voir
par *des entitez répréfentatives*, produites à tous momens & diftin-
guées de leur ame. Il ne refute
pas encore les modifications de
M. Regis , c'eft dans le cinquiéme
Chapitre qu'il les refute par des
raifons aufquelles M. Regis ne
pouvant répondre , confond fon
opinion avec le fentiment de ceux
qui croïent voir par *des entitez répréfentatives* , pour échaper à la
faveur de l'équivoque du mot d'*I-
dée*. Il ne faut que fe fouvenir ,
que M. Regis , par le mot d'*Idées* ,
entend des modifications de l'ame,
l'ame même de telle ou telle maniére , & l'on aura une preuve
parfaite de fa bonne foi.

L'exclufion , dit-il, qu'on don- Ibid.
ne à la véritable maniére de voir
les corps , *Qui eft* , felon lui , *que*

Dieu produit nos Idées toutes les fois que nous penfons à quelque objet, n'eſt pas prouvée.

Je diſtingue. Elle n'eſt pas prouvée ſelon le ſens que M. Regis donne à la maniére de voir les corps. Je l'acorde. Elle n'eſt pas prouvée ſelon l'opinion que le P. Malebranche a en vûë. Je le nie.

Un Auteur dit les choſes l'une aprés l'autre. Le P. M. refute dans le quatriéme Chapitre * la prétenduë maniére de voir les corps, ſelon le ſens que lui donnent des Philoſophes, qui ne ſont pas du ſentiment de M. Regis ; Et dans le cinquiéme Chapitre , il la refute & la confond ſelon le ſens que lui donne M. Regis. Y a t'il là du miſtére ? C'eſt un fait dont l'éclairciſſement n'eſt pas avantageux à M. Regis. Mais pourquoi n'agit-il pas ſincérement ?

Il répond ainſi à l'article 16. *Il eſt évident, qu'on ne peut pas voir les corps en voïant ce qui eſt en Dieu , ſans voir l'eſſence de Dieu. Car il faut ſçavoir , que tout ce qui eſt en Dieu , eſt réellement & ſub-*

* 3. Liv. de la Rech. de la Ver. Ch. 4. & 5.

Pag. 18.

stantiellement Dieu , & par consé-
quent l'essence de Dieu. C'est pour-
quoi l'Auteur & moi disons la mê-
me chose dans le fond : Mais parce
que ce que nous disons paroît cho-
quant , il le veut cacher soûs des
termes ambigus , au lieu que je le
dis en termes propres.

Reponse.

Le P. M. a souvent montré la pag. 40.
différence infinie qu'il y a entre
voir les objets en Dieu, & voir
l'essence de Dieu ; Et ce qu'il dit
dans sa Réponse , fait sentir aux
plus stupides cette différence.

Mais pour faire taire M. Regis,
il faut lui faire un petit raisonnement sur sa Doctrine. Tout ce qui
est dans son ame est réellement
& substantiellement son ame. Or
quand il regarde un Moulin à
vent , l'Idée de ce Moulin est dans
son ame , c'est son ame de telle ou
telle maniére. Donc quand il regarde un Moulin à vent , il voit
l'essence & la substance de son
ame. Peut-être trouvera-t'il , que
cét argument n'est pas en forme.

Mais je lui conseillerois plûtôt de répondre, qu'à la vérité il voit son ame quand il regarde un Moulin à vent, mais son ame entant que relative à ce Moulin, ou participable par cette machine. Les termes *ambigus* alors lui feront plus d'honneur que les termes *propres*, dont il se pique si fort.

Mais où est l'ambiguité à dire, qu'on voit les corps lors qu'on ne voit en Dieu que ce qui est relatif aux corps ? Quand saint Augustin soûtenoit qu'il voïoit en Dieu les véritez Géométriques & numériques, prétendoit-il en voïant des raports de lignes & de nombres voir l'essence de Dieu, tout ce que Dieu est en lui-même ? Se servoit-il de termes ambigus, pour éviter le coup de M. Regis ?

Le P. Malebranche dit, que M. Regis, lui passant que Dieu agit toûjours par les voïes les plus simples ; & ne lui contestant pas, que faire voir les corps par l'Idée de l'étenduë qui est en Dieu, ne soit plus simple, que de créer pour cela dans chaque esprit, un nom-

bre infini d'Idées , il est démon-
stratif, que nous voïons les corps
par l'Idée de l'étenduë qui est en
Dieu. Monsieur Regis acorde tout,
mais il nie la conséquence ; *Parce,*
dit-il , * *qu'outre ces deux maniéres* * P.19.
de voir les corps ; dont la prémiere
est plus simple que la seconde , il y
en a une troisiéme qui est encore plus
simple que ces deux-là , qui est que
nous voïons tous les corps par l'Idée
de l'étenduë , entant que cette Idée
est une modalité de l'esprit.

Détour & contradiction visible.
Car voir les corps par l'Idée de
l'étenduë , qui est selon M. Regis,
une modalité de l'ame ; Et les voir
par des Idées que Dieu produit
toutes les fois que nous voïons ,
ou que nous pensons à quelque
objet, sont, selon lui , la même
chose. Il vient de le marquer ; & il
veut à present , que de voir les
corps par l'Idée de l'étenduë , entant que cette Idée est une modalité de l'esprit , soit une maniére
plus simple que de les voir par des
Idées que Dieu produit en nous à
chaque fois que nous voïons. Voilà

la contradiction. Et le détour con-
fiste, comme on verra bien-tôt,
en ce que Monsieur Regis enten-
dant par le mot d'*Idée*, ses modifications simplement, il veut faire entendre qu'il est plus simple
de voir à la faveur d'une simple
modalité, que de faire intervenir
des Idées distinguées de cette modalité, comme si l'on n'avoit pas
démontré que nos modalitez ne
font que ténébres, & qu'il est impossible de rien connoître sans
Idées.

P. 11.   *L'Auteur, dit-il, ne combat pas
mon opinion, entant qu'elle fait voir
qu'il n'y a pas d'aparence que Dieu
pour nous faire voir ses Ouvrages,
produise autant d'infinitez d'Idées
qu'il y a d'esprits créés, mais il la
combat en voulant prouver qu'on
peut voir les corps en Dieu, & qu'on
les y peut voir sans voir son essence.*

Reponse.

Monsieur Regis nous dit ici,
que telle opinion n'est pas la sienne, & que telle autre la combat:
mais il a soin de ne point exposer

fon opinion aprés l'avoir confon-
duë avec la prémiere de ces deux
qu'il rejette. Ce font là de nou-
vèlles maniéres de difputer. Mais
Monfieur Regis a beau diffimuler
fon opinion. On la fçait. Il vient
mêmes de la faire entre voir parmi
tous fes deguifemens, lors qu'il a
dit, que *nous voïons les corps par* Ibid.
*l'Idée de l'étenduë, entant que cette
Idée eft une modalité de l'efprit.* De
forte, que s'il n'avoit pas protefté
qu'il ne répondroit jamais, on le
prieroit de faire voir comment fa
modalité répréfente tout Etre,
l'infini en étenduë, l'infini en
tous fens, comment fon ame contient les perfections des corps,
fans être étenduë. On lui demanderoit le raport d'une modalité à
une autre. On lui feroit diverfes
queftions de cette forte, qui l'é-
xerceroient agréablement. Ou fi
cét éxercice ne lui plaifoit pas, on
lui en offriroit un autre. On lui
demanderoit fi Dieu n'eft pas in-
timément préfent aux efprits, s'il
ne renferme pas dans fa fubftance
les perfections de tous les Etres,

s'il ne peut pas nous découvrir ce qu'il lui plaît de ces perfections, si ce n'est pas une proprieté reservée à l'infini, de les renfermer sans aucune limitation, & si la lumiere peut se trouver ailleurs qu'en lui. C'est de là que dépend la ruine ou l'établissement de l'opinion que Monsieur Regis veut combatre, & contre laquelle il n'a pas encore aporté une seule raison, non plus que pour établir la sienne.

Il dit sur l'article 17. que la premiere raison par laquelle le P. M. prétend que tout ce que nous voïons nous le voïons en Dieu, n'étant composée que de conséquences, il n'a pû mieux faire, que de commencer par en détruire le principe, qui est selon M. Regis, que Dieu est étroitement uni à l'ame.

Il est faux que cette premiere raison ne soit composée que de conséquences, de la maniere que M. Regis la raporte lui-même dans ſa Philoſophie , elle contient un principe qui eſt , que *Dieu agit toûjours par les voïes les plus ſimples.* D'où l'on conclût , que Dieu fait voir à l'ame les objets , en voulant ſimplement qu'elle voïe ce qui eſt en lui qui les répréſente : Et une preuve qu'on en aporte , c'eſt que *Dieu eſt étroitement uni à l'ame.* C'eſt ainſi que Monſieur Regis fait éclipſer un principe , & fait d'une preuve ſurabondante un principe pour juſtifier l'irrégularité de ſa conduite.

Enfin , M. Regis ne peut ſouffrir qu'on diſe , que Dieu eſt étroitement uni à l'ame, à moins qu'on ne lui marque l'eſpece d'union qui eſt entre Dieu & l'ame : Et il veut abſolument que ce ſoit , ou une union Phyſique ou une union Morale. Mais ſans ſe tourmenter avec ſes analyſes & ſes dénombremens frivoles , que n'apelle - t'il cette union comme il lui plaira , pourvû qu'il la conçoive très - réelle & tres-parfaite , *nullâ interpoſitâ naturâ* , comme parle S. Auguſtin , mais non pas ſemblable à celle que les créatures ont entre - elles. Dieu nous est uni , non seulement comme la cause à son effet , mais principalement en ce qu'il nous éclaire par sa sagesse, la seule lumiére des esprits , & qui leur est tellement unie , qu'on la prend communément pour une qualité qui n'est point différente de leur substance.

Vne union , dit M. Regis , qui consiste en ce que l'ame peut avoir avec Dieu une societé particuliére , suposé des pactes & des convensions reciproques . . . . . celle qui consiste dans une communion de pensées & de sentimens , ne peut aussi , selon lui , être entre Dieu & l'ame. Car, dit-il , je demande si les pensées & les sentimens de l'ame dépendent de Dieu , ou non. S'ils en dépendent ; c'est donc revenir à mon espece d'union Morale ; Et s'ils n'en dépendent pas , il y a donc dans l'ame quelque chose d'indépendant de Dieu: ce qui repugne.

Reponse.

Ainsi, selon Monsieur Regis , si nous

nous avons quelque chofe de plus
qu'une union morale avec Dieu,
nos penfées & nos fentimens feront indépendans de Dieu. Selon
lui, les Anges n'ont point de focieté avec Dieu, parce qu'il n'y a
point eû de pactes & de conventions reciproques entre Dieu & les
Anges. Par la même raifon, l'Homme n'eût point dans l'inftant de fa
création, de focieté avec Dieu.
Selon Monfieur Regis, il n'y a
point de communion de penfées &
de fentimens entre Dieu & fes
Saints. Les Saints ne connoiffent
point ce que Dieu connoît, ils
n'aiment point ce que Dieu aime :
ou cette communion ne fupofe que
l'union Morale de Monfieur Regis.
Mais ce religieux Philofophe, qui
n'eft fi attaché à fon union morale,
que crainte de metre quelque chofe d'indépendant dans fon ame, ne
craint pas de rendre fes penfées indépendantes de la lumiére de Dieu,
ni de faire dépendre Dieu même,
de pactes & de conventions recipro-
ques. On a vû que c'eft par cette
vifion de pactes & de contracts

qu'il corromp la Morale & la Religion. Peut-être que les Théologiens voudront bien y remédier &
ne pas fouffrir qu'un Homme qui
ne fçait pas les dogmes de la Foi,
difcoure publiquement fur des
chofes qui la regardent de fi prés.

Pag. 20.   *Ie défie, dit-il, l'Auteur de trouver aucune efpéce d'union Morale
qui convienne à Dieu, que celle que
j'ai établie, qui confifte dans la dépendance où l'effet eft de fa caufe.
Mais par malheur cette forte d'u-
nion ne fufit pas pour voir les corps
en Dieu.*

Monfieur Regis fans faire de
défi mal à propos, devroit marquer clairement ce qu'il entend
par fon union entre la caufe & fon
effet, & ce que produit cette
union. Car s'il l'a établie, c'eft de
fon autorité privée. Je puis l'affû-
rer cependant que s'il n'y avoit
point d'autre union que celle qu'il
veut dire, ce feroit un grand
malheur pour lui, puifqu'il n'ai-
meroit ni ne connoîtroit jamais
Dieu. *Il foûtient néanmoins, que
felon lui, l'efprit ne dépend pas*

ſeulement de la puiſſance de Dieu,
mais encore de ſa ſageſſe . . . . .
entant que Dieu diſpoſe de telle ſor-
te les penſées & les volontez de l'eſ- Pag. 21.
prit, qu'elles ne manquent jamais
d'arriver à la fin qu'il s'eſt propoſée
en formant l'eſprit, &c.

Réponſe.

Si les Eſprits ne dépendent
qu'en ce ſens de la ſageſſe de Dieu,
ils n'en dépendent pas plus que les
corps. Car tous les mouvemens
des corps ſont tellement diſpoſez,
qu'ils ſervent immancablement à
la fin que Dieu s'eſt propoſée.
M. Regis ne prend pas garde, que
cette dépendance dont il vient de
faire la découverte, n'eſt que dans
l'ordre des penſées ; Et qu'il s'a-
gît ici de la dépendance des penſées mêmes, qui ne dépendent pas
moins de la lumiére que de la puiſſance de Dieu. Tout le monde connoît la premiére dépendance ; mais
celle-ci n'eſt bien connuë que des
Philoſophes, pourvû qu'ils ne reſ-
ſemblent pas à M. Regis.

Il continuë en ces termes. *Au*

contraire bien loin que selon le Pere Malebranche, l'esprit dépende de la sagesse de Dieu, (il dépendroit s'il étoit permis de parler ainsi) d'une qualité toute oposée, tant parce que Dieu n'agiroit plus par les voïes les plus simples, qu'à cause que la dépendance où l'esprit seroit de Dieu renfermeroit des contradictions manifestes. Ie dis 1° que Dieu n'agiroit pas par les voïes les plus simples, parce que pour faire voir les corps à l'esprit, il se serviroit d'une perception qui est dans l'esprit, & d'une Idée d'étenduë intelligible qui est en lui. Ie dis 2° que la dépendance où l'esprit seroit de Dieu, renfermeroit des contradictions manifestes. Car elle suposeroit, par exemple, que l'esprit verroit les corps en Dieu, sans voir son essence : qu'il verroit les Idées intelligibles qui ne se trouvent qu'en Dieu, & que ce qu'il verroit seroit tres-imparfait ; qu'il verroit Dieu comme tout Etre, & que ce qu'il verroit ne seroit qu'un ou plusieurs Etres en particulier. Ie ne crois pas qu'il y ait rien de plus contradictoire que cela, ni par consé-

quent de plus opposé à la sagesse
de Dieu.

Réponse.

Monsieur Regis trouve qu'il est
plus simple de voir à la faveur
d'une simple perception, que par
le concours d'une perception &
d'une Idée, comme il est plus simple de voir en ouvrant simplement
les yeux, qu'en les ouvrant & en
recevant les impressions de la lumiére corporelle. Mais si sans lumiére on ne peut voir, & si sans
Idée on ne peut apercevoir, voilà
M. Regis obligé de composer un
peu ses moïens. Mais si sa perception lui suffit, à quoi lui sert son
Idée de l'étenduë qu'il a eu tant de
soin de placer dans l'ame, en conséquence du contract qu'elle a fait
avec le corps ? Ce ridicule qui
régne d'un bout à l'autre de sa
Métaphysique, ne fait pas ici un
bon effet. Je répons au 2° de Monsieur Regis, qu'on a pû voir s'il y
a contradiction à dire, qu'on voit
ce qui est en Dieu qui répréfente
les corps sans voir l'essence de

Dieu. Il n'y a qu'un M. Regis capable de trouver là de la contradiction. Mais que veut il dire, quand il dit, *que ce qu'on voit est tres-imparfait?* On ne voit que les Idées intelligibles, qui sont tres-parfaites en elles-mêmes, quoique ce qu'elles représentent soit imparfait. Où a t'il pris qu'on voit Dieu comme tout Etre, lors qu'on aperçoit l'Idée d'un Etre particulier, parce que cette Idée est en Dieu? Je doute qu'un Homme, qui trouve là des contradictions, soit fait comme les autres Hommes.

Une partie de sa Réponse à l'article 19. se reduit là, qu'il a prouvé que l'union que le Pere Malebranche admet entre Dieu & les esprits, supose une dépendance réelle, lors qu'il a fait voir que *Pag. 21.* l'union qui étoit entre Dieu & les esprits, ne pouvoit être que réelle ou Morale; Et que ce Pere ne croioit pas que l'espece d'union Morale fût suffisante.

Réponse.

Mais M. Regis n'a fait voir

qu'une étrange disposition d'esprit.
Pour venir à bout de son dessein,
il devoit montrer que l'union qui
est entre Dieu & ses créatures, ne
peut être réelle, à moins qu'elle
ne soit semblable à celle que ses
créatures ont entre elles. Mais par
où s'y prendroit - il pour prouver
cette absurdité ? Qui ne sçait pas
qu'il n'y a que Dieu avec qui les
esprits puissent avoir un raport
immédiat, & avec lequel par con-
séquent ils puissent être réellement unis, mais que cette union
surpasse infiniment celle qui est
entre les créatures ? Ainsi, Monsieur Regis a plûtôt fait d'user de
ses détours ordinaires en se don-
nant tous les airs de suffisance,
qu'il lui plaît de se donner.

    La seconde partie de sa Répon- *Pag. 22.*
se est, que nous ne connoissons
point l'ame par *sentiment*, comme
le prétend le Pere Malebranche,
mais par perception : Et pour le
prouver, il se donne la peine de
discourir sur la différence du sentiment & de la perception.

    C'est en vérité faire bien mal à

B b iiij

propos la dépenſe d'une analyſe.
Que M. Regis n'eſt-il ſincere ? Et
que ne raporte-t'il le Texte du
Père Malebranche ? Ce Pere dit,
que nous ne connoiſſons nôtre
ame que par *ſentiment intérieur.*
M. Regis lui attribuë de dire,
que nous ne la connoiſſons que
par *ſentiment*, & là-deſſus ſe di-
vertit à confondre les ſenſations
avec la conſcience ou le ſentiment
que nous avons de ce qui ſe paſſe
en nous-mêmes. Mais M. Regis ſe
ſent il, ou ne ſe ſent-il pas ? S'il
ne ſe ſent pas. Je n'ai plus rien à
dire : Mais s'il ſe ſent, qu'il me
permette de dire, qu'il ſe connoît
par ſentiment ; Et il dira s'il veut
qu'il s'aperçoit.

Ibid.   Il continuë. *Supoſé que l'ame
ſoit intelligente & intelligible de ſa
nature, comme tous les Philoſophes
en demeurent d'accord, il répugne
qu'elle voïe les corps qui ne ſont ni
intelligens ni intelligibles, & qu'elle
ne ſe voïe pas elle-même.*

Reponſe.

Mais repugne-t'il, que ſans ſe

voir elle voïe les Idées des corps
par elles-mêmes intelligibles ? Ce
ne font pas les corps qu'elle voit.
Monfieur Regis le fçait. Ce font
les Idées intelligibles des corps
qu'elle aperçoit, fans apercevoir
l'Idée d'elle-même, parce qu'il faut
qu'elle connoiffe les corps, & que
fon Auteur ne juge pas à propos
qu'elle connoiffe tout ce qu'elle
eft. Pourquoi donc M. Regis fait-il
encore les frais d'un mauvais raifonnement ?

L'ame, dit-il, *ne peut connoître* Ibid.
fes modalitez fans fe connoître elle-
même, entant qu'elle eft une fub-
ftance, parce que les modalitez de
l'ame ne font que la fubftance même
de l'ame affeftée d'une certaine ma-
niére ; Et il eft impoffible que l'ame
connoiffe fa fubftance par fentiment.

Réponfe.

Mais les modalitez de l'ame, la
douleur & le plaifir, par exemple,
ne font ce pas des fentimens ? Oüi
fans doute. M. Regis l'a dit.

L'ame fent donc & ne connoît
pas fes modalitez. Ces fentimens

ſelon lui encore, ſont la ſubſtance même de l'ame affectée d'une certaine maniére. L'ame connoît donc ſa ſubſtance par ſentiment.

Comment ſe peut-il faire, que M. Regis qui vient de prendre tant de peine inutilement à demêler la perception d'avec le ſentiment, ne mette point ici de différence entre *connoître* & *ſentir*, ou du moins ne nous aprenne pas comment l'un & l'autre différent, quoique tout l'éclairciſſement de la queſtion dépende préciſément de là.

Il finit ſa Réponſe à cét article, par une plaiſanterie qui lui ſied tout à fait bien. *L'Auteur*, dit-il, *ne doit pas trouver étrange, qu'on ne ſoit pas de ſon ſentiment. Il doit conter, que ceux qui n'en ſont pas encore, en pourrons être lorſque leur reµs ſera venu.*

On ſçait que c'eſt le propre de la vérité de ne s'établir que lentement. Mais comme elle ſupoſe de certaines diſpoſitions, il n'y a guére lieu d'eſperer qu'elle trouve jamais entrée dans des eſprits du caractére de Monfieur Regis.

Dans fa Réponfe à l'article 20. Pag. 23. il protefte que ce n'eft point par affectation qu'il s'eft fervi fept fois du mot *de corps* , au lieu du mot d'*Etres*, dans un paffage de la Recherche de la Verité qu'il a cité , & où ce mot de *corps*, n'eft pas une feule fois. Il dit bonnement la raifon de ce procedé. *C'eft*, dit-il, *qu'il ne s'agit ici que des corps , puifque felon le P. Malebranche, il n'y a que les corps qui font vûs en Dieu.*

Détours perpétuels. Il eft vrai , qu'on ne voit préfentement que les Idées des corps en Dieu. Mais de ce que Dieu eft l'Etre univerfel, on en conclût , qu'il renferme les Idées ou les perfections , non feulement de tous lés corps, mais encore de tous les autres Etres , tant créez que poffibles. M. Regis auroit donc mieux fait de joindre à fa proteftation cét aveu , qu'il s'eft fervi du mot de *corps* , au lieu du mot d'*Etres* , non pas pour donner à la Doctrine du P. Malebranche , le fens le plus favorable qu'il eft poffible, comme l'équité le demande , mais pour la noircir felon les inſpirations fecretes de l'envie & du dépit : Ce qui paroît encore aſſez par la ſuite.

Si on lui dit qu'une Idée infinie telle qu'eſt celle de l'étenduë , ne peut être la modalité d'une ſub-ſtance finie , il ſe tire de là cavalié-rement comme du reſte. *Cette Idée, dit-il, n'eſt infinie qu'objeĉtivement, & étant finie formellement, rien n'em-pêche qu'elle ne ſoit la modalité d'une ſubſtance finie : Et il ajoûte. Qu'une Idée infinie objeĉtivement , n'a pas une réalité infinie , & ne réprêſente pas des perfeĉtions infinies, mais ſeu-lement autant de perfeĉtions dans ſon objet , que l'eſprit qui a cette Idée eſt capable d'en concevoir.*

Reponſe.

Mais ſi l'Idée objeĉtive n'a pas une réalité infinie , ſi en qualité de modification elle eſt finie , ſi elle ne réprêſente pas des perfeĉtions infinies. Comment peut-on l'ape-ler infinie ? Et pourquoi ne pas dire plûtôt, que ſi nous la jugeons infinie , c'eſt que nous nous fai-

fons des chiméres. M. Regis n'y
penfe pas. Il corromp toute la Philofophie, il ne juge plus de ce qu'il
voit, & il adopte tout le contraire
de ce qu'il ne peut s'empêcher de
voir.

Dans l'article 21. C'eft une cho- Pag. 24.
fe à voir, que M. Regis réduit à
répondre en Ecolier à cét argument. *Toutes les modalitez d'un Etre*
particulier, tel qu'eft nôtre ame,
font néceffairement particuliéres. Or
quand on penfe à un cercle en géné-
ral, l'objet immédiat de l'ame, n'eft
rien de particulier. Donc l'Idée du
cercle en général n'eft pas une mo-
dalité de l'ame.

Il répond dis-je, en diftinguant.
L'Idée du cercle en général n'eft
rien de particulier. In repræfentan-
do. *Ie l'accorde.* In effendo. *Ie le*
nie. Et aprés cela il s'aplaudit.

Mais l'Ecolier à tort de s'aplau-
dir fi - tôt. Car il faut bien que
l'Idée du cercle en général ou de
l'infini, ne foit rien de particulier
in effendo, auffi-bien qu'*in repræ-*
fentando, puifqu'on a prouvé qu'elle ne répréfente qu'elle même, que

c'eſt le propre mêmes de toutes les
Idées particuliéres, & qu'elles ſub-
ſiſtent indépendamment de tout ce
qu'elles répréſentent.

Mais écoutons Monſieur Regis
étaler encore ſes grandes Idées,
premiérement ſur la premiére propoſition de l'argument ; Et enſui-
te ſur la ſeconde & la troiſiéme.
*Si par l'Idée du cercle en général,
dit-il, le P. Malebranche entend ce
qu'il voit, quand il penſe au cercle,
pour lors il confond le cercle qu'il
voit avec l'Idée ou la perception par
laquelle il le voit : En quoi il tombe
dans la même abſurdité où tomberoit
celui qui parlant du portrait du Roi
de Siam, diroit que par ce portrait
il entend ce qu'il voit, quand il penſe
au Roi de Siam. Quand l'Auteur
penſe au cercle en général, ce n'eſt
pas l'Idée ou la perception du cercle
en général qu'il voit ; Mais par
cette Idée ou perception, il voit pluſieurs cercles confuſément, ou pour
mieux dire, il voit un ſeul cercle,
dans lequel il ne conſidere que ce
qu'il a de commun avec tous les autres cercles : Ce qui ſe fait par des*

abstractions d'esprit en la maniére qu'on l'enseigne aux bons Ecoliers de Logique.

Réponse.

C'est n'est donc plus ses Idées ou ses perceptions que M. Regis voit, c'est le cercle, par exemple. Et où est ce cercle ? De quelle espéce, de quelle nature est-il ? Voit-il ce cercle en lui-même ? Aparemment il pretend le voir en lui-même, mais au travers de son Idée comme au travers d'un tuïau ou d'un cristal. Car je défie qu'on entende ici autre chose par ces paroles de M. Regis au P. Malebranche, *Il confond le cercle qu'il voit avec l'Idée par laquelle il le voit.*

De quel secours lui peut être le portrait du Roi de Siam ? Du Roi de Siam à son portrait il y a quelque proportion. Ce sont deux objet finis. Mais du cercle en général ou de l'infini à une modification particuliére, il n'y en eut jamais: Quand l'Idée du Roi de Siam se présente à mon esprit, je pense à ce Roi, & son portrait me reveil-

le cette Idée. J'ai aussi l'Idée du
cercle en général , & j'y pense
quand je veux : Mais que M. Regis
fasse un portrait de ce cercle, comme on en fait du Roi de Siam. Or
comme le Roi de Siam est préalable à son portrait , l'Idée aussi
qu'on a du Roi de Siam est préalable à ce Roi , puis qu'on peut
avoir cette Idée , sans qu'il y ait
jamais eû de Roi de Siam.

Le Sistême de M. Regis est ma-
gnifique. Le monde selon lui , est
infini , parce qu'il a l'Idée d'une
étenduë infinie, ou plûtôt il a cette
Idée, parce que le monde corporel
est infini en étenduë ; mais il ne
voit cette Idée qu'il a que par une
modification particuliére. Je voudrois sçavoir quelle figure fait
dans son ame son Idée d'étendië
infinie. Si elle n'en est pas distincte, c'est une modification bien modifiée & bien admirable de faire
voir toute finie qu'elle est des espaces infinis.

Elle est infinie *objectivement*, dit
M. Regis. C'est donc qu'on voit
les espaces au travers de cette Idée.

Cette Idée est donc une glace, & non pas un tableau : C'est une glace finie au travers de laquelle passent des espaces infinis. M. Regis aprés cela pourroit-t'il dire, que son Idée finie ne contient pas en tous sens l'infini ?

Mais qu'il nous dise encore un peu, si pendant qu'il ne voit dans un cercle que ce qu'il a de commun avec tous les autres cercles, il voit un cercle en général. La généralité d'un cercle en général lui est-elle commune avec tous les autres cercles ? On ne sçauroit trop admirer M. Regis. Il donne l'infinité à des espaces qu'il ne voit point, & il la refuse à ce qu'il voit & ce qu'il ne peut s'empêcher de voir infini. Il n'y a donc plus d'Idée de généralité & d'infini avec M. Regis. Il en fait une abstraction d'esprit, aprés en avoir fait un portrait & un tuïau. C'est pour mieux dire, selon lui, une Idée qui s'en va en fumée : Et on voit ce qu'on n'avoit pas encore vû, un Cartésien autrefois fameux, rentrer sur ses vieux jours dans les Ecoles d'Aristote.

Pag. 14.   Pour reponfe à la feconde propofition de l'argument., il diftingue. *Ce que je voi actuellement eft*
général dans mon efprit qui le rend
tel par des abftractions. Je l'accor-
de. Eft général en lui-même. Je le
nie.

Reponfe.

C'eft à dire, felon M. Regis,
que l'Idée du cercle en général ou
de l'infini, eft une chimére. Quand
il la voit il croit voir, mais il ne
voit rien ; Et il fe trouve que par
l'induftrie de fon efprit, le néant
a la proprieté de lui paroître général & infini.

Ibid.   Quant à la troifiéme propofition, il la nie abfolument, fondé
fur ce que les Idées ne fe répré-
fentent point elles-mêmes, &
qu'elles repréfentent feulement
leurs objets comme les Tableaux
repréfentent leurs originaux.

Reponfe.

Je ne croi pas que perfonne
puiffe juger, que s'il n'y a point
de cercle éxiftant qui foit géné-

ral „ l'Idée qu'on en a puisse repréfenter autre chofe qu'elle même. Que l'efprit la fasse par des
abftractions, qu'on l'apelle vaine
& chimérique tant qu'on voudra,
elle eft cette Idée, puis qu'on la
voit, & elle eft telle qu'on la voit.
Mais comment M. Regis en con-
viendroit-il ? Il faudroit qu'il lui
trouvât un original, puifque fes
Idées font des tableaux ; Et mal-
l'heureufement il n'y a que des
cercles particuliers. Ne pouvant
donc accommoder l'original au
tableau, il accommode le tableau
à l'original. Cela n'eft - il pas de
bon fens ?

En effet, pourrions nous être
affurez qu'il y eût quelque chofe
de créé, fi les tableaux que nous
appellons *des Idées*, ne fupofoient
pas des originaux ? C'eft la reflexion de M. Regis. * Mais fi toute * P. 24.
la certitude humaine n'eft fondée
que fur fon opinion, & que cette
opinion fe trouve extravagante,
que dira-t'il, & que ferons nous ?
L'un eft certain, perfonne n'en
peut douter préfentement ; & l'au-

tre n'eft pas à craindre. On a pû
voir, que fans qu'il foit néceffaire que les tableaux de M. Regis
aïent des originaux, l'éxiftence
des corps eft fuffifamment prouvée
par cette fuite de fentimens & de
penfées que nous avons par raport
à des corps. Dieu qui n'eft point
trompeur, n'agiroit pas ainfi en
nous, s'il n'avoit créé des corps.
Elle eft encore mieux prouvée par
la Foi, qui à la vérité fupofe
l'ouïe, mais non pas l'oreille,
comme fe l'imagine M. Regis,
qui confond l'ame avec le corps,
l'ouïe dis-je, c'eft à dire, des fentimens par raport à de grands
événemens. Il n'eft pas néceffaire
que j'explique davantage ce qui
eft expliqué parfaitement, dans
les éclairciffemens de la Recherche
de la Verité.

Monfieur Regis finit fa Reponfe à cét article, en faifant
plaftron *e* ce fyllogifme. *L'Idée
des Pag. 25. *du cercle en général ne me répré-*
fente que ce qu'elle renferme. Or
cette Idée ne renferme rien de gé-

néral, puisque ce n'eſt qu'une modalité particuliére de l'ame, ſelon Monſieur Regis. Donc l'Idée du cercle en général ne me répréſente rien de général. Tout difficile qu'eſt Monſieur Regis, ſur la forme des argumens, il s'accommode de celui - ci, la figure lui en plaît ; Et de ſon autorité il l'éxemte de contradiction : avec la fameuſe diſtinction d'*in eſſendo & in repreſentando* ; il n'y a point de ſi mauvais pas d'où il ne ſe tire. A quoi penſoit le Pere Malebranche, d'avoir fourni de ſi puiſſantes armes contre lui-même ?

Monſieur Regis ne répond point à l'article vingt - deuxiéme. Il ſe fâche contre le diſcernement qu'on y fait de l'Idée & de la perception. C'eſt en effet trop manifeſter le faux & le ridicule du pompeux Syſtéme philoſophique.

p. 15.

Sur l'article vingt - troiſiéme, voici ce qu'il dit. *L'Auteur au lieu de refuter mes preuves ſe plaint de ce*

Ibid. *que j'ai voulu dire , que Dieu n'est*
pas l'Etre universel, ou qu'il n'est
pas tout Etre , parce que s'il étois
l'un ou l'autre, tous les Etres seroient
des parties intégrantes ou des parties
subjectives de la Divinité.

Reponse.

Où sont ses preuves , & contre
qui prouve-t'il ? Le P. Malebranche
dit , que *Dieu est tout Etre , ou l'E-*
tre universel, en ce que la substance
de Dieu renferme les Idées intelligi-
bles, les perfections de tous les Etres.
Et M. Regis combat cette impieté.
Que Dieu est tout Etre , en ce que
tous les corps sont des parties inté-
grantes , ou des parties subjectives
de la Divinité. Il nous aprend pour
cela la différence d'*omne* & de *to-*
tum.

A qui en veut ce Grammairien ?
Mais pour achever sa calomnie il
Pap. 26. conclût ainsi. *Il s'enfuit donc , que*
ces propositions , que Dieu est tout
Etre , qu'il est l'Etre universel, &
autres semblables dont l'Auteur se
sert à tous propos , ont des consé-
quences tres-fâcheuses. Mais il suffit

que l'Auteur les condamne, comme il paroît par sa plainte, pour qu'elles ne puissent lui être attribuées.

Reponse.

Voilà un Homme bien équitable. On ne condamne point les conséquences, c'est le principe qu'on deteste, selon le sens que lui donne M. Regis, qu'on deteste dis-je, comme une pensée de malediction, comme l'ouvrage de l'imagination d'un homme, qui faute de bonnes raisons, supose des impietez dans les ouvrages qu'il veut combatre. Avec quel front Monsieur Regis ose-t'il persister dans une suposition si grossiere, & affecter encore aprés cela des aparences d'équité ?

Il faut lire la p. 105. & 106. de la Rep. du P. M.

Pour reponse à l'article 24. il donne le change. Le Pere Malebranche s'est plaint en passant, de ce qu'il ne raportoit pas son Texte. Monsieur Regis s'attache-là, & traitant ce Pere de *Déclamateur*, pour se disculper du mauvais abregé qu'il a fait de son Texte, il demande ce Philosophe concis & sen-

Pag. 26.

tentieux, qu'on compare le Texte
avec l'abregé. Je suis sûr, que le
P. Malebranche y consent. Mais il
ne s'agit plus de cela , c'est la réponse du P. Malebranche qu'il faut
lire, reponse si honteuse à M. Regis
qu'il n'a osé y repliquer.

Au reste M. Regis ne nie plus si
fort qu'il faisoit, qu'il y ait en
Dieu proprement des Idées. * Voici ses paroles. *Il y a donc cette différence entre les Idées de Dieu &
celles de l'Esprit , que Dieu produit
les choses créées sur le modele de ses
Idées (s'il est vrai qu'en Dieu il y
ait proprement des Idées) au lieu
que l'esprit ne produit aucun objet
naturel sur le modele des siennes.*

Qui luï dit que l'esprit produise quelque objet naturel , sur le
modele de ses Idées ? Dieu connoît par ses Idées , & produit sur
ses Idées , mais l'esprit connoît
seulement par les Idées qui sont en
Dieu, seuls modeles de tous les Etres
& créés & possiblés. Ainsi, que M.
Regis ne s'y trompe pas davantage.
Le Roi est le modele de son portrait ; * mais l'Idée que le Roi a
de

* Il re
peut ad-
mettre
ce prin-
cipe ,
sans ré-
verser
de fond
en com-
ble son
préten-
du Sys-
téme.

* Lisez
la Rep.
de M.R.
p. 27.

de son corps, & celle qu'il aura un
jour de son ame, sont les modeles
de sa personne.

Enfin , M. Regis prétendant
avoir prouvé que les Idées & ses
perceptions sont une même chose
conclut ainsi. *Donc il n'y a point*
de veritez immuables & éternelles.
Donc les Idées dépendent de l'action
des corps particuliers sur les organes
des sens. Donc nous voïons les corps
par des Idées qui sont les modalitez
de l'ame. Donc nous ne les voïons
pas en Dieu. Ce qu'il falloit prou-
ver.

Monsieur Regis a mérité les
honneurs du triomphe : il faut lui
mettre la palme à la main. Il a pris
à son ordinaire le ton de Géomé-
tre. Le voilà concluant, quoi qu'il
n'ait encore conclû que par les propositions qu'il doit prouver.

Touchant le plaisir des sens , il
veut toûjours que de dire , que le Pag. 18.
plaisir est toûjours un bien , mais
qu'il n'est pas avantageux d'en joüir,
ce soit confondre le plaisir des sens
avec la satisfaction intérieure. On
lui a répondu qu'on avoit distingué

ces choſes , & on lui a cité les endroits. Cela ne le contente point ,
parce qu'on s'eſt ſervi du mot de
joïe ; Et que la joïe & la ſatisfaction intérieure ſont deux choſes
tout à fait différentes ; la joïe dépendant des choſes qui ſont hors
de nous, & la ſatisfaction intérieure dépendant des choſes qui ſont
en nous. Mais à quoi revient cette
baſſe chicane de M. Regis ? Si je
veux appeller *joïe* ce qu'il appelle
ſatisfaction intérieure, m'en empê-
chera-t'il ? Eſt-ce des mots dont il
diſpute ? S'il boit un peu de bon
vin, qu'il *prend hors de lui-même* ,
n'aura t'il point quelque eſpéce de
ſatisfaction interieure , lui dont
la M. ale fait conſiſter l'uſage de
l'amour propre , éclairé à prendre
de bons alimens. On lui feroit bien
voir, que c'eſt lui-même qui prend
à contreſens les mots de joïe & de
ſatisfaction intérieure, puiſque l'a-
vare, par exemple , eſt ſatisfait à la
vûë de ſon argent ; & que le juſte
a de la joïe dans le bon témoignage de ſa conſcience : On lui feroit
bien voir , qu'il eſt tres - foible

Grammairien , lui qui nous donne cette phrase , *l'Auteur croit avoir évité la confusion que je lui repro-*che , comme si confusion se pre- Ibid. noit ici pour honte. Mais ce sont des puerilitez qui doivent être bannies des disputes philosophiques.

Il trouve encore qu'il n'y a rien de plus contradictoire que de dire, *que le plaisir nous rend toûjours actuellement heureux , mais qu'il ne nous rend pas solidement heureux. Qu'il nous rend toûjours heureux , mais qu'il ne nous rend pas contens.*

Ainsi , M. Regis n'aura plus de modification agréable (qui est tout ce qu'on entend par être heureux) sans être solidement heureux, sans être heureux & content.

Il auroit bien voulu trouver en- Ibid. core une contradiction dans cette proposition , *Le plaisir est un bien , mais il n'est pas toûjours avantageux d'en joüir.* Mais n'en pouvant venir à bout, il s'est avisé d'un expédient singulier. Il n'a plus été question de la proposition, il en est allé chercher une autre dont il pût être mieux servi.

Peut - être a - t'il eû bien de la
peine à trouver ce qu'il cherchoit ;
Mais enfin, il a trouvé celle-ci qui
renferme les contradictions dont il
a besoin. *Le plaisir est toûjours bon :*
mais il n'est pas toûjours avantageux
d'en joüir. Un autre que M. Regis,
n'attacheroit pas deux Idées différentes à ces deux expressions. *Le*
plaisir est toûjours bon : Et le plaisir
est toûjours un bien. Mais on a vû
qu'il n'est pas fait comme les autres hommes. C'est aparemment
par cette raison qu'il se donne le
privilége de renvoïer, faute de succez, une proposition dont il avoit
fait la matiére de sa Critique , &
qu'il en fait venir une autre pour
critiquer sur nouveaux frais, quoiqu'elle ne puisse pas mieux l'acommoder que la premiere.

Voilà de quoi M. Regis est capable. Il n'y a plus rien à souhaiter
pour le connoître. Je demande donc
si c'est un homme à Systéme, si c'est
à lui de dire. *Nos principes sont trop*
éloignez, &c. Et si le ton de Maître
qu'il prend avec tant de fierté lui
convient. Je ne le dissimule pas, s'il

est permis à M. Regis d'unir tant
de confiance à un si grand aveuglement, il faut que ceux qui écri-
vent pour les interêts de la Religion & uniquement en vûë de la
verité, se taisent.

Le P. Malebranche prétend avoir
dit, que les *plaisirs des sens sont capables de nous rendre* en quelque
maniere *heureux.* M. Regis prétend
que cette modification *en quelque
maniere* ne se trouve que dans un
passage, dont il ne s'agit point. Il
faut lire le Chapitre cité *, on verra
lequel des deux Auteurs est sincére.
Citations faustes, passages tron-
quez, reticentes honteuses, détours
de toutes les especes, sont les jeux
ordinaires de M. Regis. La confron-
tation des passages en fait foi.

Que ne dit-il pas dans sa Replique, touchant les aparences de la
Lune ? Je ne m'y arréterai pas:
Car je me suis borné à sa Metaphysique & à sa Morale. Mais on peut
dire, que son imagination lui a fa-
briqué une Optique toute nouvelle : il nie sans façon les experiences les plus sensibles ; sans façon

*Re-
cherche
de la
Verité,
p. 267.

il en fupofe qui peuvent être dé-
menties fur le champ ; Par tout on
lùi trouve une ignorance pitoïable
dans la Géométrie , & par tout un
air de fuffifance qui étonne.

Il finit en faifant quelques re-
proches au Pere Malebranche, Dieu
fçait quels fondemens ils peuvent
avoir.

F I N.

Fautes à corriger.

Page 30. lig. dern. *lifez* s'épuiferont,
page 131. lig. dern. *aoûtez* pas. De la
Reponfe à M. Regis, p. 94. en marge l. 78.
p. 180. lig. 5. *lifez* veritatem, p. 11. lig. 11.
aoûtez Regis, lig. 19. l. le, p. 123. l. 2.
lifez du.

www.ingramcontent.com/pod-product-compliance
Ingram Content Group UK Ltd.
Pitfield, Milton Keynes, MK11 3LW, UK
UKHW021507090726
13657UKWH00001B/80